RAPPEL

DU

DROIT D'AUTRUI

ET

DE QUELQUES VÉRITÉS UNIVERSELLES

PAR

MAXIME GRIPON

NOTAIRE HONORAIRE

Ancien Premier Syndic de la Chambre des Notaires de Paris

Magis amica veritas.

PRIX : UN FRANC

AU PROFIT DES PAUVRES

PARIS

E. DENTU, LIBRAIRE-ÉDITEUR

Palais-Royal, 17-19, galerie d'Orléans

1880

RAPPEL

DU

DROIT D'AUTRUI

ET

DE QUELQUES VÉRITÉS UNIVERSELLES

PAR

MAXIME GRIPON

NOTAIRE HONORAIRE

Ancien Premier Syndic de la Chambre des Notaires de Paris

Magis amica veritas.

PRIX : UN FRANC

AU PROFIT DES PAUVRES

PARIS

E. DENTU, LIBRAIRE-ÉDITEUR

Palais-Royal, 17-19, galerie d'Orléans

1880

RAPPEL

DU

DROIT D'AUTRUI ET DE QUELQUES VÉRITÉS UNIVERSELLES

PREMIÈRE PARTIE

LOIS PLESSIER — LOIS FERRY

LIBERTÉ INDIVIDUELLE, CIVILE ET RELIGIEUSE

Paris, décembre 1879.

I. — Depuis un siècle quel triste et douloureux chemin nous avons parcouru !

En 1779, dans notre chère France, les esprits vraiment libéraux affirmaient déjà, au monde intelligent, cet irréfragable axiome du Droit universel : « l'accessibilité de tous les enfants » d'une même Patrie — israélites, catholiques ou protestants, — » non pas à tous les emplois, comme on l'a très sottement » *imaginé* et répété, mais à tel ou tel emploi, et sous la con- » dition formelle *pour chacun* — condition toujours mécon- » nue, — de JUSTIFIER, avant toute *élection*, avant toute nomi- » nation, — de son aptitude et de son droit. »

Et certes, en posant ce principe, nul n'entendait donner à aucun *fils*, à aucun inférieur, à aucun *incapable*, le droit de prétendre à remplir dans la famille ou dans la Nation LE RÔLE DU PÈRE (en sa présence), — le droit de *s'égaler*, en aucun temps, à ce dépositaire *éternel* d'une autorité que nul ne pourra rabaisser — un seul jour, — sans être tôt ou tard rigoureusement CHATIÉ.

En 1789, — la Royauté héréditaire, jusqu'alors absolue, ratifiait, proclamait enfin ce principe patriarcal, *immuable*, et le plaçait sous l'égide d'un nouveau SYMBOLE, — majestueux emblême DU DROIT DE TOUS, triple oriflamme qui constate une date immortelle, un contrat *accepté*, et qui, — malgré les excès commis, les injures souffertes à son ombre — est resté et *demeurera* le drapeau de tous les cœurs aussi religieusement attachés à une union nécessaire que sincèrement dévoués à une « conciliation », non pas *unilatérale*, incertaine et *muette*, comme M. Le Prince de Valori semble la demander, — mais *synallagmatique*, précise, étudiée indiscutable, — et *parlant* (par ce Labarum) — A TOUS LES YEUX.

Après de longs retards, la protestante et libre Angleterre, contrainte, elle aussi, par la force de la vérité et par notre exemple, effaça pareillement de sa Législation toutes traces d'hostilités religieuses et *d'exclusions arbitraires*.

Elle restitua aux catholiques, aux « Papistes » anglais, *le Droit commun*.

Aujourd'hui, nous avons changé ou nous allons changer tout cela.

Les protestants français qui, de concert avec les libres-songeurs, les indépendants, *les francs-maçons* et les athées, RÈGNENT ET GOUVERNENT, vont RETIRER aux catholiques français ce droit, — ce même droit que les catholiques français leur avaient reconnu.

Déjà nul n'est investi d'une fonction quelconque, nul n'est réputé *digne* d'être membre d'aucune commission, d'aucune délégation, d'aucun conseil, s'il ne montre d'abord sa carte et sa cocarde jaunes, s'il n'applaudit — avant d'entrer — à des idées vieillotes, rachitiques, *mortelles,* s'il ne se courbe devant un régime *anti-républicain*, et que 1789 a bien positivement entendu condamner.

Nul ne peut être — même instituteur — s'il n'est *laïque*, lisez : néo-protestant, libérâtre à la façon des Ferry, des Labuze et des Bert, libre-songeur ou athée ; — car, entre ces fidèles alliés, on ne reconnaît plus *aucune ligne de démarcation*. Tous se donnent la main, se sourient, se complimentent. Tous se pavanent et s'admirent... « au même titre » ! !

Et l'État, transformé peu à peu en une « association anonyme »...*pour le despotisme*, suit la pente naturelle à l'homme : — l'empiètement de jour en jour plus grave sur le Droit d'autrui (sur la *pensée*, puis sur la *propriété,* puis sur la *vie*).

II. — Par quelle circonstance heureuse me trouvé-je mêlé à cette très honorable lutte pour la Liberté, pour le Droit naturel — et pour la justice ?

Une observation adressée à un ancien et très bon ami sur les tendances détestables, sur les résultats nécessairement *funestes* du projet de loi contre les hospices et les bureaux de bienfaisance (premier *acte* de cette tragi-comédie dont M. Gambetta dirige avec amour les répétitions), m'a attiré de la part de M. V. Plessier, député de Seine-et-Marne, rapporteur de ce projet à la Chambre *basse,* trois lettres : la première, remplie de « sincérités » (et je l'en remercie) ; la seconde, visiblement embarrassée et grondeuse ; la troisième, satisfaite et triomphante, après le vote du Sénat (1).

(1) J'ai dit : Chambre basse, parce qu'il est manifestement contraire à toute raison et à toute *prudence,* de donner « à des enfants », sur quelque question que ce soit, LA PRÉPONDÉRANCE ; — de *pervertir* l'esprit public en *méprisant,* comme on le fait ouvertement, les plus âgés (*seniores*) les hommes prudents, posés et reposés ; — et d'estimer SUPÉRIEURES de plus jeunes cervelles qui, en grande majorité, n'ont pu acquérir une suffisante et complète *maturité,* une *égale* expérience.

Le lecteur verra par quels arguments un *serviteur impartial* a cru devoir réfuter morceau par morceau, pièce à pièce, une thèse dont le but évident, et toujours poursuivi, est de FAIRE DESCENDRE, de degrés en degrés, à chaque conseiller municipal, et bientôt, hélas ! à chaque électeur, à chaque « *enfant* », une part de l'autorité *administrative*... une part de l'autorité émiettée et annihilée *du Père*.

Cette thèse, même après l'amendement intervenu, contient une proclamation *d'indignité* contre un grand nombre de nos concitoyens, les plus calmes, les plus honnêtes et les plus *instruits* (impardonnable faute !) — Elle renferme ainsi une *déclaration de guerre* ; c'est-à-dire, le contrepied de l'apaisement, — *l'abandon* des doctrines qui ont fait la gloire du nom français, — le renversement de tous les droits civiques, et de cette liberté, — la plus précieuse garantie de la dignité humaine : — LA LIBERTÉ DE CONSCIENCE.

Toutes les questions sociales s'enchaînent. Tous les principes qui protègent une nation — une famille — se soutiennent et s'enchevêtrent comme les solides étais d'un édifice. Essayer de détruire l'un d'eux, c'est porter *la hache* contre tous les autres.

Une loi mauvaise en engendrera cent autres — *également* ou plutôt *de plus en plus mauvaises*. Aussi voyons-nous surgir de nouveaux projets de loi *tendant* tous au même but : — le Despotisme *d'en bas,* dirigé, *exploité* par de secrètes et irresponsables influences ; — l'interdiction *de toute opposition,* — le silence imposé à toute critique, — l'infaillibilité *garantie* et la domination *promise* aux courtisans, aux intimes.

Point d'examen ! Point de discussion ! Pas un mot ! Un brevet de sottise, accompagné d'une profession de foi anti-cléricale, sera bientôt *préféré* à toutes les attestations d'un mérite réel ; — à tous les diplômes. N'est-ce pas *retrograder*, et *tendre le cou* aux pires tyrannies des anciens âges ?

III. — Certes, je n'entends pas défendre les naïvetés, les crédulités, ou les erreurs possibles *des exagérés* d'un parti que vous condamnez *en bloc*, Messieurs les infaillibles.

Mais je ne puis applaudir à vos contradictions, à vos recommencements ; je ne puis vous suivre quand vous décernez à ce parti *le nom* dont vous vous glorifiiez autrefois : « Révolutionnaires ! » — ni quand vous vous appliquez à vouer aux gémonies, à signaler *aux haines* populaires tous ceux qui, *ne votant pas pour vous*, ne se prosternent pas à vos pieds, — tous ceux que, pour ce *seul* motif, vous rangez dans la classe *des futurs otages*, en les désignant comme papistes, cléricaux, ou *suspects*, — ce qui est une même *perfidie*, et ce qui, vous le savez! constituait L'ENCOURAGEMENT AUX MASSACRES, à la fin du siècle dernier.

Si vous « commencez » — ainsi qu'ont fait les massacreurs, — comment finirez-vous ?

— « Des massacres? La guerre civile? La Terreur? Quelle » exagération? direz-vous. »— La même objection me fut adressée en 1848 par un excellent « centre gauche », que le premier coup de feu « de ses frères » renversa sanglant le 23 juin sur le boulevard Bonne-Nouvelle.

Sous une République que vous voulez *honnête*, et qui devrait être le règne du Droit d'autrui, montrer comme vous le faites, l'intention de rétablir, au gré des affamés et des énergumènes, mais A LEUR PRÉJUDICE et *au vôtre*, d'anciens excès, d'anciennes sottises *démontrées*, — vouloir faire revivre des ordonnances QUE L'ON SAIT ABROGÉES par les constitutions « modernes », par le sens commun, par les faits accomplis, et par LE NON USAGE....

Un des vôtres l'avoue ; — et avec quelle naïveté charmante? (*Réponse à MM. les Evêques, par un député de Seine-et-Oise*, Cerf et fils, imprimeurs, Versailles, 1879, — pages 46 à 50) : « Montant peu à peu, s'écrie-t-il, sur les chartes édictées par » nos Pères, vous *violez* NOS VIEILLES LOIS !!... — Muni d'un

» portefeuille, J'EUSSE, dès le lendemain, avec un simple ordre
» *du jour*, exécuté *ces lois* SANS M'ÉMOUVOIR.....»

Déclarer la guerre aux sentiments, AUX 'IDÉES ; — s'appro-
prier les procédés, les bûchers et les arquebuses de l'inquisition et de la Saint-Barthélemy : — opprimer, déchirer,
proscrire ; — essayer de jeter « *hors la loi* et *hors l'État* »
non pas seulement, comme on l'affirme, 10,000 jésuites, dominicains et congréganistes, mais *les trois quarts* de la nation
française, n'est-ce donc pas tenter, dans un but tout personnel
et que chacun devine, une œuvre insensée ?

N'est-ce pas préparer de nouveaux crimes, de nouvelles ruines ?

N'est-ce pas, Messieurs de la majorité actuelle, vous faire,
devant le peuple entier, *imitateurs*; et COPISTES ?

Triste et déplorable besogne! Comment consentir à y compro-
mettre, de près ou de loin, son honneur et son nom?

Quel respect réclamer pour soi, lorsque l'on a *tué* tout respect,
lorsque l'on ne sait pas même SE PROTÉGER et protéger SES
ADVERSAIRES, — lorsque l'on ne sait plus défendre avec l'intré-
pidité d'autrefois, les principes proclamés IMMORTELS et qui
sont, en effet, seuls capables d'honorer, de sauver les individus
et les nations ?

Et ces nouveaux Torquemada, ces francs-maçons (non autorisés)
ces libres-songeurs, ces athées, ne se sont pas seulement faits
imitateurs. Ils ont naïvement, en aveugles, accepté une livrée
prussienne, — un mot d'ordre prussien. — Ils se sont faits,
ô honte! et contre la Patrie, les valets, les «reptiles» de ce
chancelier que nos défaites ont fait prince... de ce diplomate-roi
qui, silencieusement, leur a montré du doigt la route à suivre, les
ennemis à abattre...; qui, le premier, s'est déclaré l'adversaire
acharné des congréganistes « à cause de leur patriotisme invin-
cible»,... et qui les a chassés de l'Alsace conquise, afin de la
conquérir une fois de plus!

N'est-ce pas là, Messieurs, préparer de vos mains, pour votre
allié, pour votre «PRÉCURSEUR», de nouvelles et faciles conquêtes?

IV. — Dans l'une de ses lettres, on le verra plus loin, M. le Rapporteur du projet de loi qui confie à des caissiers politiques « l'*argent* » des pauvres et des malades, a cru devoir, ironiquement, m'accuser de « *sagesse* », lisez : de prudence et de PEUR.

Trembler? Et pourquoi?... parce que j'aurais constaté, ici, des allégations vaines; plus loin, des raisonnements faux; et là-bas, des *mensonges* et des *hypocrisies* qui se dérobent aujourd'hui piteusement? Non, non, j'ai d'autres et plus sérieuses craintes.

Je tremble pour ces prédicants, ces rhéteurs, *termites* lettrés et faméliques, dont les sermons quotidiens, grassement rétribués, servent de thème et de *texte* aux conférences, puis aux résolutions, puis aux EXÉCUTIONS des Barré, des Lebiez, et des « introuvables » braconniers de Meudon.

La loi n'atteint pas encore ces littérateurs. Cela viendra.

Elle n'envoie à l'échafaud, où à l'île Nou, que LEURS ÉLÈVES!!! Mais quelles effrayantes responsabilités pèsent *déjà* sur les têtes de ces corrupteurs des générations nouvelles?

V. — Je tremble pour ces futurs « grands maîtres » de l'instruction publique qui prennent « Akerbau » pour un diplomate, « le Pirée pour un homme, » — et qui, du haut de leurs chaires *spéciales*, prétendent *connaître* TOUTES LES SCIENCES, s'irritent des succès éclatants des Écoles voisines, — et *se lassent*... d'entendre appeler Aristide : le « Juste ».

Parce qu'ils sont chirurgiens, chimistes, ou vivisecteurs habiles, ils s'exercent à couper, trancher, taillader, déformer notre Code civil, au risque de le rendre borgne et boiteux, « aphone » et manchot. Ils n'ont pas aperçu leurs *infirmités* spéciales, leur propre « phylloxera ».., l'envie qui les aigrit, la haine qui les pousse, l'ambition qui les ronge.

Libres-songeurs dès leur première dent, athées par *dépit* autant que par *orgueil,* ils se croient des géants... des dieux... parce qu'ils ont eu l'*audace* (la simplicité) de nier positivement.. CE QUE — POSITIVEMENT — ILS IGNORENT!!!

VI. — Je tremble pour ces ministres des finances « de l'avenir, » les uns imberbes, légers et gloutons, les autres à peine sortis des langes d'une tutelle pénible, qui se flattent de doubler, de *tripler* la fortune de la France, et qui, lorsqu'elle est surchargée d'impôts, accablée par le fardeau d'une dette de vingt-cinq milliards, — alors que la moindre crise peut tout enrayer, tout perdre et l'*obliger* à faire appel à toutes ses ressources, n'hésitent pas à lui faire acheter, — oui, — ACHETER *tous les chemins de fer*, puis, tous les canaux, tous les ateliers, — puis, toutes les caisses et tous les coffres-forts, pleins ou creux, en un mot, TOUS LES INSTRUMENTS DE PRODUCTION...

N'ont-ils pas déjà commencé, par une détestable opération qu'il s'agit aujourd'hui de *couvrir* ?...

Et cela, pour *confier* la direction et la mise en œuvre à des têtes supposées plus actives et plus méritantes que celles qui les détiennent, — à des « fonctionnaires » désintéressés... du résultat, et certainement *privilégiés* ; — à des sous-chefs pleins de morgue, comblés d'ailleurs de prévenances, de faveurs, et d'égards — dont se verra privé *le bon public*, malgré son droit de CO-PROPRIÉTÉ partielle.

Oublieux des leçons du fabuliste et de l'histoire, ils tripleront *la dette*, ils gonfleront leurs budgets jusqu'à ce qu'ils éclatent. Déjà nous les voyons chanter les louanges de l'association, de l'achat « à outrance, » et, en échange d'excellentes valeurs, nous les verrons distribuer à chacun — comme représentation d'un droit implicite à une répartition toujours attendue, *illusoire*, — *leurs petits papiers*, multipli-fractionnés (*divisés à l'infini*), et par cette raison parfaitement improductifs, *mais égalitaires !*

Ils multiplient, non les champs cultivés et fertiles, ou le nombre des abeilles, — mais les épines, les ronces, *les frelons*. — Non le gâteau et la partie essentielle et nutritive de ce gâteau, mais les convives !!!... c'est-à-dire, les risques, les dépenses, les non-valeurs, *les déchets* — les inutiles, les indifférents, *les contre-maîtres !* — tous uniquement occupés d'assurer et *d'augmenter* leurs PRÉLÉVEMENTS... légion de rats placés là « tout exprès », sous le prétexte — admis pourtant *par les badauds,* — d'améliorer sûrement, rapidement, et « avant l'août » un excellent fromage de Hollande !

Ils mettent en pratique, ils réalisent *peu à peu* (l'élan est donné, pourquoi s'arrêter en si belle route?), ils appliquent à la France malade et MENACÉE les remèdes héroïques, les utopies communistes et depuis si longtemps *conspuées* de l'illustre Cabet, ainsi devenu leur patron, leur modèle, leur initiateur.

Ils enrichiront l'Etat et eux-mêmes, en *appauvrissant tous leurs administrés.*

Ceux-ci, en effet, réduits *à la ration,* transformés en manœuvres, formeront bientôt un peuple mécontent, froissé, *bafoué,* chez lequel les exigences et les appétits, et la passion — ou d'un partage plus égal : *jouissance* GRATUITE et *parcours* GRATUITS, — ou du pillage DES BIENS COMMUNS, iront croissant de quinzaine en quinzaine.

Ces achats successifs — et illimités — n'ont-ils pas pour résultat certain de *détruire,* en tout ou en partie, l'industrieuse activité individuelle par cette investiture donnée à des directeurs *irresponsables,* à une *collectivité* effacée, mais turbulente, qui BIENTÔT BRISERA SES CHAINES, en précipitant la solution finale *et inévitable :* l'effondrement, le désastre, l'égalité *dans la misère!!*

VII. — Que penser aussi de ces politiciens, — tribuns ou docteurs *célibataires,* qui, *tous,* — *professoriâ linguâ,* disait Tacite, leur immortel et « inamovible » juge, — aspirent au pouvoir *suprême,* au rôle difficile et supérieur *du Père,* et veulent s'emparer de nos enfants ? — Ils trônent, ils pérorent, ils *promettent* aux électeurs avides, ignorants et *crédules,* des jouissances et des joies sans *fin,* — sans maladies, sans froids, sans neiges... lorsque ceux-ci les auront enfin *élus* — LES MAITRES ! — lorsqu'ils auront installé leur *propre* République : leur triste entourage de médiocrités, de flatteurs et d'*envieux.*

Ils s'improvisent et s'intitulent dictateurs, ministres, diplomates, — hommes *d'État* et hommes *de guerre*..... (avec quel succès! et avec quelle figure!) — pour l'oubli et *la perte* de nos armées, pour la ruine de la Patrie, pour la plus grande joie de l'étranger.

Ils rééditent, ils *copient* les décrets les plus bouffons et saugrenus, les plus périlleux et discrédités. Demain, vous les verrez redemander, par la bouche éloquente de M. Floquet, d'abord L'ÉLÉMENT CIVIL *à la tête de nos armées,* c'est-à-dire l'élément *ignorant et imbécile*, puisqu'il n'aura jamais rien expérimenté, rien appris ; — puis l'élection *des juges,* l'élection *des généraux,* élection perpétuelle *et à jet continu;* — c'est-à-dire, le trouble et *la défaite*, la condamnation anticipée, certaine, devant les foules ameutées, ou *devant l'ennemi*, de tous ceux qui auront « CESSÉ DE PLAIRE ».

Leur République *à bon marché* n'est plus l'intérêt de tous, mais, comme on l'a dit, « l'éternel désordre » — l'intérêt d'un clan.

Aussi se composent-ils une science et une conscience — *particulières;* — et, comme conséquence, UNE JUSTICE à leur usage EXCLUSIF. Ceci ne sera jamais oublié.

Ils s'enflamment, leurs cheveux se hérissent, au seul souvenir de ce puéril et innocent 16 mai, qui n'a assassiné personne, et qui les a faits ce qu'ils sont...

Et ils *excusent* les ignominies, les *assassinats* « politiques » — et les infamies des années terribles !

Demain, pour bien montrer *leur clémence,* leurs sentiments élevés et néo-philanthropiques, ils ordonneront L'ABOLITION DE LA PEINE DE MORT, non pas en faveur des victimes, — AU PROFIT DES ASSASSINS !!

Trois jours plus tard, pour assurer *leur élection,* pour conserver *quelques mois encore* leur nouveau *titre*, leur piédestal fêlé, — ils laisseront (toujours sans s'émouvoir) recommencer les folies furibondes et enragées de 1793.

Ils boiraient..... ils laisseraient boire..... LE MÊME SANG.

Quels services la France peut-elle attendre de ces maîtres...
si placidement égoïstes, — si inconsciemment sanguinaires?

Je tremble pour la France et pour eux.

VIII. — Je tremble pour ces Girondins, nouvellement ou
anciennement convertis, dont la... naïveté est évidente, dont les
intentions sont excellentes et le désintéressement... proclamé;
— mais qui, néanmoins *agissent* comme s'ils n'étaient ni désintéressés ni *incorruptibles*. L'écriteau, dont il leur a été facile
d'orner leur nouveau couvrechef, leur a d'abord donné, *de
plano*, toutes les dignités, puis, toujours *de plano*, l'omni-
science INFUSE.

Néophytes embarrassés, — suffisants — et serviles, ils s'empressent de tout concéder, concéder, concéder, — et de donner
eux aussi, des arrhes. Mieux que *tous les tyrans* connus, ils
destituent, destituent, destituent, à leur *bon plaisir*, afin de bien
caser leurs COURTIERS en élection, leurs *frères*, leurs *beaux-
frères*, aux honneurs et aux meilleures places... jusqu'à ce
qu'ils soient eux-mêmes *destitués*.

Députés, ils courent... aux salaires... comme certains conseillers municipaux. Ils ne se font, non plus, aucune vergogne
de CUMULER, ceux-ci les fonctions, ceux-là les émargements...
malgré leurs serments d'Annibal, leurs récents *mépris*, leurs
anciennes et ardentes *imprécations!*

Ils habitent les mêmes Palais, s'étirent sur les mêmes cous-
sins, *rêvent* dans les mêmes fumoirs, chaussent les mêmes
cothurnes, jouent les mêmes comédies.

Anciens cléricaux, anciens membres des sociétés catholiques,
— et d'autant plus irrités contre elles, — anciens monarchistes
devenus républicains à l'eau de rose, mais tout prêt à changer
encore de casaques, ils courtisent, avant tout, l'électeur qui les
nomme, *la majorité* hurlante et inassouvie.

A la voix de M. Foucher de Careil, et pour être agréables aux
bons braconniers, aux fainéants et aux malfaiteurs, ils transfor-

meront.... les lapins... en persécuteurs ! ! — Ils *voteront* « la multiplication des fusils » — non pas à la frontière, — ils ont d'autres soucis, — mais *sur les routes,* — au coin de tous les bois.

Ils ont participé de leur signature et de leur vote *aux spoliations qui s'accomplissent.* Ils étaient libéraux... et ils n'accordent plus que la liberté de penser — comme il *plaira* à MM. les ministres.

Ils désorganiseront la magistrature (toutes les magistratures), les finances, *l'armée,* dans le but de les fondre — sans cesse — dans une même opinion, — celle du ministre, nouvellement installé.

Ils devaient « tout sauver » ! — Et la France se traîne, isolée et nerveuse, dans le plus pitoyable gâchis... Nos Ministres se succèdent, à la condition, signée d'avance, de *détruire* quelqu'un ou quelque chose... Et cette majorité, qui se croit toute puissante, appelle déjà d'*autres* sauveteurs. — Ils ont pourtant changé et rechangé les lois, et les préfets, et les gardes champêtres ; — posé les nouvelles règles de leur gouvernement... toujours *absolu* et discrétionnaire ; — proclamé *définitivement* une République... qui n'est jamais définitive, — et vanté la Commune !

IX. — « Nous sommes la Loi ! Nous sommes le Droit ! » a écrit l'un des plus modérés.

» La République ? c'est... la Commune AGRANDIE ! ! »

« La France, qui *parle* par notre bouche, A LE DROIT de se » tromper ? »

Aimable perspective ! Les Républicains d'occasion (et ils le sont tous) peuvent nous perdre ; la Commune peut revenir — agrandie ; — les *erreurs* de ces Souverains — en chambre — ne sont plus des faiblesses..., des fautes...

Elles deviennent un Droit !

Les amnistiés pourront demain recommencer leurs prouesses,..

devant l'ennemi ! — Et l'ennemi, à ce moment prévu et *préparé,* franchira des frontières « que nous armons (il l'annonce à » haute voix) et que nous fortifions.... POUR LUI ! »

« La Commune ? » s'écrie de son côté l'auteur de la Réponse à MM. les Évêques — (longue diatribe qui serait odieuse, si elle n'était avant tout *ridicule,* — pamphlet émaillé à chacune de ses 82 pages, de contradictions et *de fautes contre la grammaire et le sens commun,* qu'un *écolier* ne ferait pas)...

» La Commune ? — grand *désespoir* rallumé de Sagonte ! »

Sagonte était fort peu connue, que je sache, des gens du 18 mars ; — et si Sagonte brûle encore, vos palinodies, — vos regrets de 1830, — vos compliments « au roi patriote et » clairvoyant qui était un chef, » — votre gracieuse approbation « de l'*habile* loyauté du comte de Chambord » n'empêcheront pas Sagonte de rallumer — d'elle — les grands désespoirs, les avidités de toutes parts *surexcitées,* et dont *vos appétits donnent* l'exemple!

X. — Après avoir exprimé une profonde *pitié* pour les timides, les ignorants et LES COUPABLES, assurément je n'étonnerai personne en exprimant la pitié — « d'une toute autre nature » — que m'inspirent ceux qui se laissent entraîner par ces timidités, ces ignorances, ou ces audaces.

Je tremble pour ce sectaire imbécile, railleur insolent des mariages religieux et des convictions *religieuses,* chantre éraillé de l'enterrement « laïque » — *apôtre* ou *disciple* « de la foi civile » — c'est-à-dire (et il n'en sait rien, car il n'est jamais allé *jusqu'au fond* de sa science), c'est-à-dire, apôtre ou disciple d'une Foi et d'une Loi PUREMENT HUMAINES, et par conséquent, — il le faut bien avouer, — essentiellement CHANGEANTES et perpétuellement CHANGÉES.

De quelle loi et de quelle foi s'agit-il en effet? — Est-ce de celle d'aujourd'hui, ou de celle de demain?

Ce « savant » n'a jamais su, ni pu, comprendre la différence immense qui existe entre LES LOIS IMMUABLES.... et les autres.

XI. — Je tremble pour ce père.... fanatique et idiot, qui, parce qu'il a été *saturé* de ces prédications journalières « n'a » jamais voulu et NE VOUDRA JAMAIS (sic) permettre à qui que ce » soit de prononcer devant ses enfants *le nom,* ni d'énoncer » *l'idée* de Dieu. »

Dès que les passions et les appétits de ses fils auront grandi..., ses jours sont menacés, — sa succession... ouverte !

Il PÉRIRA de leur main. — Qui les retiendrait?

XII. — Je tremble pour cet industriel, ce patron convaincu, mais insouciant, qui accueillera sous son toit, dans son intimité, ou admettra dans son usine l'ami *politique* qui, « comme lui » du reste, ne croit à rien. »

Cet ami, plus *avancé* peut-être dans sa science innée, instinctive, est déjà prédisposé par cette même foi « personnelle et civile » à reconnaître, à admettre la NÉCESSITÉ (toujours exclusive) de jouissances illimitées..., et immédiates. — A-t-il *définitivement* rejeté loin de lui, comme un inutile manteau, toute pensée de responsabilité *future ?*... Son courage et son bras seront bientôt préparés, bientôt armés POUR LE CRIME.

Il disposera dans l'ombre son drame et ses moyens d'action. —Irresponsable, — s'il triomphe ! — il *lui suffira de ruser* avec la justice humaine, si souvent *impuissante.*

Qui donc, en effet, se placera sur son chemin, qui l'empê-chera de satisfaire, au jour le plus prochain, sa « LIBERTÉ » omnipotente et *effrénée,* ses VOLONTÉS égoïstes, son « INSTINCT NATUREL », — sa foi « *sérieusement matérialiste* », ses entraî-nements « laïques et obligatoires » ?

XIII. — Je tremble aussi pour cette jeunesse si librement, si autoritairement PERVERTIE, si imprudemment *empestée* par cette propagande anti-religieuse, anti-sociale.

Je tremble pour ces « espoirs de la Patrie » qui — aujourd'hui plus qu'en aucun temps passé — *encombrent* les bancs de toutes nos cours d'assises, et *luttent* (n'est-ce donc pas encore *trop vrai?*) d'impudeur et de cynique effronterie avec les plus endurcis criminels.

XIV.—Je tremble enfin pour ce peuple affolé, ahuri, affaissé, qui écoute *et lit,* sans les comprendre « les Mané, Thécel, » Pharès » du *festin* actuel ; — qui regarde, sans les voir, *les abaissements* du sens moral, du courage personnel, de l'intelligence et de l'honnêteté publiques.

Je tremble pour cette nation dont les élus marchent à grands pas vers l'intronisation de juges « *à mandat impératif* » — vers la désorganisation de notre armée « par les baïonnettes intelli-» gentes » — et, ce qui résume tout, vers *l'interdiction* « libérale » de tout emblême, de toute éducation, de toute *parole,* et *même* de tout sentiment religieux ! ! !

Il ne lui déplaît pas d'entendre, ici, les railleries d'un ministre contre les *bons* frères, et les *bonnes* sœurs qui l'ont élevé, — là les projets d'empiètement municipal de M. le préfet Hérold et de Messieurs les conseillers communards, — et *partout,* leurs *insultes* à toute religion, qui n'accepte pas *leur filiation* commune : — l'auteur commun de Messieurs les athées, — le singe !.

« Prenez garde », s'écriait Royer-Collard) à propos d'un *dogme* également attaqué devant lui : *l'inamovibilité* des magistrats; « prenez garde! Un principe périt tout entier, dès qu'on y » apporte la moindre *modification ;* et celui-ci consacre votre » Constitution — votre vie — bien plutôt qu'il n'est consacré » par elle. »

Que peuvent-ils gagner, ces démocrates, à entendre *prêcher* dans leur famille, et répéter par ceux qui leur doivent obéissance, — que l'homme est *une brute indépendante,* — que toute religion est *une duperie,* — que toute autorité *est méprisable,*

2

— que l'insurrection contre l'autorité DU PÈRE est *le plus saint* des devoirs? »

Qui *défendra,* au jour *du danger*, cette nation gangrenée, ces électeurs infectés par ce venin mortel?

Ne le savent-ils pas?

Les « instincts naturels » — qui ne croient *à rien,* — sauvent d'abord leur peau, jettent dans le fossé fusils et cartouches, et prennent... la fuite, sans le moindre souci de la Patrie, — qui, du reste, en laissant « tout faire et tout dire », a reculé d'autant *la fin de ses douleurs...* ET DE SES CHATIMENTS.

XV. — Mais trembler... pour moi? — Dans cette quatrième période de ma vie, cela n'en vaut certes pas la peine.

A aucune époque, Monsieur le rapporteur, ni en juin 1848, sous les balles, ni en janvier 1871, sous les bombes, JAMAIS je n'ai su « trembler *pour ma chétive enveloppe* » dès qu'il s'agissait d'accomplir un devoir.

Je ne me suis jamais réfugié à Saint-Sébastien.

C'est donc avec empressement (malgré ces sinistres échos de la rue des Rosiers, de la Roquette et de la rue Haxo, qui *retentissent* encore à vos oreilles, et dont *vous prenez soin* de me rappeler *les menaces*), c'est sans la moindre crainte qu'aujourd'hui je viens livrer à tous les hommes de réflexion et d'examen les éléments *complets* de notre débat; — débat que votre conscience *ne vous a pas permis* de prolonger, — débat qui ne peut avoir rien de secret ou *d'anonyme*, puisqu'il se rattache intimement à la grandeur, A LA VIE MÊME de la France.

M. G.

DEUXIÈME PARTIE

CORRESPONDANCE ANTÉRIEURE AVEC M. V. PLESSIER,
DÉPUTÉ DE SEINE-ET-MARNE.

Comme je viens de le rappeler, page 5, j'avais cru devoir, en mars dernier, adresser à l'un de mes amis, et à propos de la loi alors en discussion à la Chambre basse (sur les commissions hospitalières et les bureaux de bienfaisance), une lettre très courte, dont je n'ai pas gardé copie, — et qui d'ailleurs ne contenait qu'une seule objection : « la radiation *certaine* par les » testateurs (non républicains — *suivant le mode actuel*) de » toutes les donations de bienfaisance officielle, *inscrites* dans » leurs dispositions testamentaires. »

C'est cet *avertissement* (bienveillant, j'ai le droit de le dire) qui a déterminé d'abord l'échange des lettres ci-après transcrites, puis les réflexions qui précèdent et celles qui vont suivre.

PREMIÈRE LETTRE

CHAMBRE
DES DÉPUTÉS

Paris, le 31 mars 1879.

MONSIEUR,

Vous avez *cru écrire* à mon frère une lettre qui s'adressait à moi.

Permettez-moi de vous répondre :

Votre objection s'est déjà produite et j'y ai répondu dans mon rapport inséré à l'*Officiel*. Voici ma pensée entière :

1° La présence *du curé* dans les commissions administratives détourne les libéralités de leurs destinations. Au lieu d'aller aux pauvres, elles vont *à la cure,* au séminaire, à la société de Saint-Vincent de Paul.

2° L'ingérence *des ecclésiastiques* en pareille matière menace la sécurité des familles. Elle a donné lieu à de nombreuses et odieuses spoliations.

3° La commission administrative, telle qu'elle est composée, fait de la charité un moyen *de propagande* religieuse et politique, à l'instar de la société de Saint-Vincent de Paul.

4° Les ministres des cultes ne sont pas *exclus ;* ils sont éligibles ; pas de privilège, pas d'exclusion.

5° J'attribue les faits que vous signalez à l'influence cléricale. Ils n'ont pas d'autre origine. Ceux qui *rayent* de leurs testaments leurs libéralités en faveur des pauvres, ne sont pas charitables, et ne méritent pas d'être cités pour modèles.

6° Les commissions administratives actuelles n'ont pas la confiance des populations. — Un homme généreux a fondé dernièrement trois lits dans l'hôpital de Provins, dont il a donné la disposition au Conseil municipal, à l'exclusion de l'administration hospitalière.

7° Des commissions inspirant confiance *multiplieront* les libéralités, en dehors de l'action du confessionnal très dangereuse.

Je ne veux pas terminer cette lettre sans vous remercier de vos témoignages d'amitié pour mon excellent frère à qui je ne manquerai pas d'en faire part, et vous prie de me pardonner ma contradiction que je vous soumets comme un acte de *sincérité* dont vous m'avez donné l'exemple.

Agréez, Monsieur, l'assurance de ma parfaite considération,

V. PLESSIER.

RÉPONSE A M. ***

DÉPUTÉ DE LA GAUCHE RÉPUBLICAINE.

Paris, 7 avril 1879.

CHER MONSIEUR ET AMI,

Permettez-moi de vous remercier de votre sincérité et de reporter sur vous une même part de la bonne affection que j'ai depuis longtemps vouée à votre excellent frère. Il sait que j'ai toujours vécu au milieu de mes nombreux amis et clients *(de tous les partis)* sans jamais épouser leurs idées *extrêmes;* je ne changerai pas à la fin de ma vie, et le conseil que je lui destinais n'est pas moins bon, parce qu'il s'est tout d'abord trompé d'adresse.

Je *vous dois* une réponse, car je ne veux *ni ne puis* laisser, un seul instant, supposer que vos arguments m'aient paru probants ou décisifs.

I. — Se contenter de répondre — comme vous le faites — « que les faits signalés par moi *doivent* être attribués « à *l'influence cléricale,* » ce n'est certes pas, vous le reconnaîtrez assurément, ce n'est pas *détruire* ma première objection (l'appauvrissement *prochain* et la dilapidation *possible* des ressources des Bureaux de bienfaisance et des hospices).

C'est, au contraire, *admettre* les faits, en constatant une influence... que vous voulez abolir !... parce qu'elle est différente de L'INFLUENCE que les projets de loi actuels tendent, remarquez-le bien, à constituer, et SUBSTITUER, par l'établissement *d'une nouvelle religion d'État...* d'une influence unique et *exclusive.*

Je n'admets le despotisme en aucun lieu. Personne ne gagnera jamais rien à créer *des monopoles,* à vouloir mettre sous un éteignoir LA LIBERTÉ ET LA PENSÉE. Parmi ceux qui *supprimeront* ou ont déjà *supprimé* la portion de leurs dispositions de bienfaisance — dont votre projet de loi veut remettre l'administration aux conseillers municipaux *les plus désireux d'appointements,* (et comment les leur refuser, si vous leur donnez une responsabilité nouvelle et *financière?*), je puis vous affirmer qu'ils se trouvera, et *se trouve* de très bienfaisants esprits, qui, croyez-le bien, ne sont pas du tout « cléricaux, » mais tout simplement « laïques et logiques ».....

Donc, mon objection reste, et l'appauvrissement *aura lieu,* quoi que vous puissiez faire.

II. — Ce n'est pas, non plus, *détruire* cette objection qu'adresser aux *donateurs* vos objurgations, — et soutenir que tous ceux (cléricaux ou non) qui ne donneront pas..... au conseil municipal, tous ceux qui disposeront à leur propre convenance, « *ne sont* » *pas charitables,* et ne *méritent pas* d'être cités pour modèles. »

Ceci n'est pas une réponse. Ce n'est pas même une *négation du danger* que j'ai cru devoir vous signaler..... DANS L'INTÉRÈT de ceux que vous avez eu certainement l'intention *de défendre ;* — danger immédiat, et patent, et irrécusable.

C'est une appréciation... *votre appréciation...* et, en définitive (sans que vous vous en soyez douté), c'est une *échappatoire.* Il est depuis longtemps évident pour moi, que notre esprit, en face d'une objection *fondée,* a toujours une tendance involontaire, et très caractéristique, à s'échapper par la tangente.

Mais, — vous l'avouerez encore, — à ces gens « charitables » et *prévoyants à leur manière,* » on ne peut, et vous surtout, ne pouvez *rien reprocher.*

Ils usent de *leur droit* comme vous usez de votre liberté, je veux dire : de ce qui constitue, pour chacun de nous, les libertés RESPONSABLES.

III. — En exposant les biens de nos hospices et l'argent de nos Bureaux de bienfaisance entre les mains d'administrateurs *inexpérimentés*, sans défense, et, avouez-le, « politiques » (c'est la première condition *que vous exigez*, puisque la politique aujourd'hui s'introduit partout, et se *pratique* même au cabaret), ne craignez-vous pas précisément « ces coteries » que vous et vos alliés vous reprochez aux autres!... ces « préférences » pour tel ou tel, et enfin, au lieu des sociétés de Saint-Vincent de Paul, que vous détestez si cordialement, les « sociétés » de la Marianne, ou autres? Ne craignez-vous pas *de forger*, pour l'avenir, et *contre* la liberté que vous aimez comme moi, des armes redoutables? Le parti qui sera « le plus fort » laissera *tirer la langue* aux pauvres et aux malades que leurs convictions, leurs sentiments , — *leur conscience*, — maintiendront dans le parti « le plus faible ». Voulez-vous donc *interdire* les convictions..... aux autres? Je suis certain que ce n'est pas là votre pensée, mais *vous allez jusque là*.

Ne faites pas ce que vous avez critiqué !

IV. — Cette observation, veuillez le remarquer, s'applique, tout aussi justement, aux projets *liberticides* de M. Jules Ferry.

Toutes les libertés se touchent. ATTENTER A L'UNE, c'est porter atteinte aux autres. C'est se suicider.

La Chambre des députés (cette *moitié* de nos Législateurs), espère-t-elle..... vraiment, abolir en France TOUTE LIBERTÉ INDIVIDUELLE, toute liberté de penser, et, — avec ces libertés *nécessaires* et qui vous intéressent en première ligne, — espère-t-elle *effacer* les articles 4, 488, 901, 902, 1582, 1598, 1702, 1710, 1981, 2047, 2092, c'est-à-dire (pour être exact) *tous les articles* de notre Code civil?

L'article 4 dispose : « Tout Français jouira des droits civils. »

Et le *premier* des droits... n'est-ce pas le don de sa propre chose, la communication de *ce que l'on sait*, la générosité *intelligente?*

L'article 488 dit clairèment : « A sa majorité, tout Français
» EST CAPABLE de tous les actes de la vie civile. »

L'article 901 est ainsi conçu : « Pour faire une donation (et
» tous autres actes), il faut être *sain* d'esprit. » Rien de plus, mais
aussi rien de moins ! L'article 902 dit : « TOUTES PERSONNES
» (excepté les incapables, d'après les articles 725, 727, 903
» à 911 du Code) peuvent *disposer* et RECEVOIR. »
Je vous fais grâce du reste.

V. — Tous ceux qui *instruisent* (dans le véritable sens des
mots : *in, struere*), tous ceux qui *édifient sur une base,* sont
aussi, vous l'avouerez, de véritables *donateurs,* — des donateurs
à leur manière.

La science *fondée,* — l'instruction, — ainsi que les monnaies
de bon aloi, ont toujours leur cours, quelles que soient les mains
qui les produisent. Vous ne pourrez pas empêcher cela.

La majorité de la Chambre se croira-t-elle assez forte pour
lutter contre le Code et *contre la force des choses?*

Aura-t-elle une si grosse opinion d'elle-même?

Voudra-t-elle, par des dispositions d'un despotisme qui crève
les yeux, *interdire* à nos enfants, — à nos pauvres, — à nos
malades, cette faculté *écrite*, ce DROIT DE RECEVOIR, c'est-à-dire,
d'être *donataires,* d'être gratifiés?

Pourra-t-elle (car il faut aller jusque-là), pourra-t-elle effacer
de notre langue, de notre dictionnaire — même pour LES DONA-
TEURS que vos doctrines injurient et irritent — ces expressions
si françaises et si fières... et si juridiques : « MAITRE DE SES
» ACTIONS ET DE SES DROITS ! »

Je veux *donner* — à ma guise, — et vous le faites aussi
chaque jour, — je veux donner mon argent, mon expérience,
mon sang, ma science acquise... et je n'en aurais pas le droit?

Qu'une *majorité* QUELCONQUE cherche et trouve le moyen de
m'en empêcher? — Qu'elle essaye de m'atteindre avec ses
injures, — je l'en défie ! !

De telles prétentions seraient tellement *insensées*, qu'elles en deviendraient *risibles* (1).

Quelques sophistes et pseudo-docteurs ès sciences, — quelques « ignorantins et néo-jésuites », auraient besoin, vous le voyez, de retourner à l'école... laïque (vous le voyez aussi), *gratuite*, HONNÊTE *et obligatoire*.

On n'a pas assez réfléchi.

VI. — Je crains beaucoup que votre colère contre « les so- » ciétés de Saint-Vincent de Paul et contre *le confessionnal* » que je serais désolé de condamner, ou d'imposer, ou *ce qui est pis*, de proscrire ; — (aurez-vous jamais l'idée d'empêcher vos clients *d'aller consulter* leur avocat?), je crains, dis-je, que cette colère ne vous entraîne beaucoup trop loin — beaucoup au delà *du possible*, du juste et de l'honnête.

Aller jusqu'à la haine, ou..... disons le mot exact... JUSQU'A LA PEUR, c'est, à mon sens, et *pour des esprits forts*, une faute contre l'histoire, contre la nature des choses, contre la liberté individuelle, et contre *votre confiance* en la vertu de NOS PRIN-CIPES ACQUIS, — principes que vous détruisez et déchirez *de vos mains*.

C'est une arme à deux tranchants, — que l'on emploiera, chez nos voisins, *contre* vos coreligionnaires, — que l'on retournera *contre vous* en d'autres temps ; — ce n'est pas une arme de persuasion, de logique.

VII. — Vous faites, avec sincérité, avec naïveté, dirais-je presque, ce que vous avez *tant de fois* reproché aux autres d'avoir *tenté* d'établir. (Je dis : tenté, puisqu'ils n'y ont pas réussi, et puisque, dans votre pensée, n'est-ce pas vrai, vous les avez VAINCUS.)

(1) Nous l'avons trop vu, lors du vote de cet ordre du jour Rameau, lors de cette confusion — volontaire — entre le Droit *législatif* et le Droit *Judiciaire*. Aucun pouvoir n'est *respecté* quand il s'écarte DU DROIT, à plus forte raison, quand il le méprise avec tant d'éclat et de sottise.

Rien, je le sais, n'est plus tenace qu'une erreur, que l'on suppose — bien à tort — *utile* (une erreur ne l'est jamais) ; rien surtout n'est plus sourd et plus muet que LE PARTI PRIS... d'oppression. C'est pourtant un cœur, plein de bon vouloir pour vous, mais amoureux AVANT TOUT de *la liberté* et *du droit*, qui répond à « votre sincérité » et à votre cœur, en vous développant ses regrets. Que devient la liberté, en tout ceci? Que faites-vous du droit? Où est cette « TOLÉRANCE » pour laquelle nos Pères, et nous-mêmes — avons tant et tant combattu? En rétablissant *l'intolérance*, comment n'apercevez-vous pas que vous détruisez TOUTES NOS VRAIES, NOS UNIQUES ET COMMUNES VICTOIRES?

VIII. — L'homme généreux (de votre ville), ce grand ami des municipalités *futures*, des municipalités « *d'une seule religion* », est un cas *isolé* et qui ne prouve rien. — Vous ne *verrez* pas, vous n'apercevrez pas *les milliers de cas* que je vous oppose et que *créera* nécessairement, logiquement, cette introduction DE LA POLITIQUE dans les questions de bienfaisance.

IX. — Il faudrait vraiment fermer les yeux pour ne pas voir que cette politique, toute française et si peu *française*, est déjà, par elle-même, à elle seule, UNE SÉPARATION...

Est-ce donc la séparation, une séparation PLUS GRANDE ENCORE, que vous souhaitez pour notre chère Patrie? Avez-vous déjà *renoncé* à persuader, à convaincre? Avez-vous mis *sous vos pieds* cette tolérance, cette justice que j'invoque, et *pour laquelle* vous-même avez *voulu* triompher?

A quelles énormes contradictions vous laissez-vous *conduire!*

X. — Soyez-en bien persuadé : les pauvres, les malades, LES COMMUNES elles-mêmes, n'auront JAMAIS à s'applaudir de cette *extension* de la juridiction et des pouvoirs... non pas des conseils municipaux (car il faut, en tout, aller au fond des

choses)... mais de ces petits tyrans... les plus remuants, les plus avides, *les plus osés*... de ceux-là, en un mot, qui sauront toujours, en face de natures toutes primitives et toutes débonnaires, se cantonner, et diriger, et dominer... sans *contrôle* immédiat, seuls ! — dans les comités d'administration, composés *à leur plein contentement*.

Il suffira de les voir à l'œuvre pour s'en éloigner bientôt.

XI. — Sur un autre point de votre lettre, je me vois encore contraint de contredire absolument votre assertion.

Dans *aucune* des nombreuses communes avec lesquelles mes affaires, mes relations, mes fonctions m'ont mis en rapport, dans AUCUNE, dis-je, il n'a jamais été détourné (comme vous le *supposez*) « même un centime » sur les deniers des hospices ou des bureaux de bienfaisance « pour la cure, pour le séminaire, » pour la Société de Saint-Vincent de Paul » (ou pour aucune autre *Société*).

Des faits aussi graves auraient besoin d'être *démontrés* en justice, et ils auraient été *dénoncés*.

XII. — Les « spoliations » dont vous me parlez, ne peuvent non plus être *un argument*. Elles sont encore des cas particuliers, isolés, très rares, et *sans application* dans notre espèce. Si elles ont eu lieu, et là où elles ont eu lieu, elles menacent (*comme vous l'écrivez*) « la sécurité des familles ». — Donc encore, elles ne menacent pas... « les hospices et les bureaux de » bienfaisance ». Cela ne peut faire, pour vous-même, l'objet d'aucun doute ; et votre argument s'évanouit.

Les familles, d'ailleurs, *peuvent* se défendre.

Mais qui donc, cher Monsieur, défendra les pauvres et les malades contre cette séparation créée par *vous*, contre cette *dérivation* considérable et impolitique d'un fleuve que tous les ruisseaux doivent grossir ? Qui les défendra contre « cette » fuite » que votre règlementation nouvelle élargira sans cesse

et sans mesure? Ne voyez-vous pas que vous *tarissez* beaucoup plus de la moitié, et la plus fertilisante moitié, de leurs fontaines?

XIII. — La « propagande » (vous l'oubliez encore) cette « propagande » dont vous vous plaignez, est... *ce qui vous a faits triomphants*. Pourquoi donc vous défier ainsi *de vous-mêmes* et *de la puissance* de nos principes communs... principes qui *veulent être* la sécurité, la justice?

Les propagandes sont de droit *naturel*, de droit commun; on l'oublie sans cesse.

C'est aussi... comme la tolérance religieuse, *un droit* que *vous avez réclamé!...* que vous réclamez... et dont *nous usons* tous les jours.

Elles ne peuvent donc être *interdites*, à moins de *vous donner*, à vous-même, le plus cruel *démenti*, le soufflet le plus triste. Vous ne pouvez les proscrire, sous peine d'amnistier, par cela même, à l'instant, *tous les gouvernements* qui ont étouffé et qui, dans l'avenir, à votre porte (chose très digne encore de votre souci) ÉTOUFFERONT « toute propagande », même celle de la vérité, dans leur sein !

La politique (ceci est bien évident pour moi) rend QUELQUE-FOIS *aveugle*. La haine, TOUJOURS !

XIV. — Qu'eussiez-vous dit, que diriez-vous, si l'on vous empêchait de propager vos doctrines et les vérités que vous voulez, comme moi, rendre *universelles?* Que diriez-vous, par exemple, lorsque, poursuivant ce système de séparation, d'absolutisme, de religion d'Etat (nous y marchons) et d'écrasement général, vos successeurs « logiques » m'interdiront de vous donner un conseil amical et réfléchi, d'avoir même une opinion *qui m'appartienne en propre?* On ne s'arrête plus dans cette voie mauvaise dès qu'on y est, une seule fois, *entré*. Que deviennent alors la loyale franchise, l'affection même ? Que devient l'avertissement d'un danger, le conseil ?

Il y a, je le vois, beaucoup de bonnes intentions, et de véri_
tables désirs d'être UTILE dans le cœur de ceux qui proposent
« des changements, »... dont notre courte vue n'aperçoit pas *le
péril*, mais qui sont, en *dernière analyse*, attentatoires à la
liberté *vraie*, et contraires à ce DROIT COMMUN, toujours oublié,
dont *chacun de nous* a besoin, et auquel personne NE CROIT DE
SON DEVOIR DE SONGER... pour les autres!!!

XV. — Tout ce qui *blesse* le droit commun, le droit naturel,
le DROIT DE CHACUN DE NOUS, est, de par la loi, NON ÉCRIT.
Comment ne le répète-t-on pas? Comment ne le sait-on pas?
C'est cependant élémentaire. — TOUTES NOS LOIS, (basées
sur la plus sévère et la plus *impartiale* justice) LE PROCLA-
MENT.

Si, demain ou dans quelques années (suivant le droit INDISCU-
TABLE, et INDÉFECTIBLE, et INCOMMUTABLE, réclamé par M. Renan pour tous les changements étudiés, mûris et raisonnés
d'opinion), si vous changiez vous-même *de religion,* n'est-ce pas
vous que vous aurez frappé? L'étude, et une étude sincère du
droit d'autrui, peut seule réunir et doit réunir un jour tous les
cœurs dans un même esprit. Ce droit « des autres » comprend
notre propre droit et LE PROTÈGE.

Donc, votre majorité *provisoire* n'a pas *vu* qu'elle créait
des verges pour en être battue un jour (et elle l'aura, dans ce
cas, bien mérité).

Donc encore, plus que certains *monarques* du temps passé,
vous vous faites *illusion* sur l'*étendue* de votre souveraineté, de
votre *empire* — empire, avouez-le, tout au moins limité *par le
sens commun*. C'est là de la philosophie *positive*, car elle n'est
pas positiviste; c'est aussi la seule protection, la protection *or-
donnée*, du faible et de l'enfant.

Il vous est permis *d'améliorer,* mais non pas de détruire!!

Et si M. Ferry, pour être agréable « à gauche », nous *offre*
ces présents, vous pouvez *juger* de ce que nous réservent ses

héritiers empressés (et pressés de jouir *à leur tour*), ses successeurs prochains et *présomptifs.*

La réflexion, seule, peut indiquer la bonne route, *la parfaite justice,* l'exacte pondération des libertés de chacun. « Les théories passent, » a dit hier M. Renan. — J'ajoute : Les libertés, réglées et limitées *par le droit d'autrui,* combattent sans relâche, et finissent toujours par triompher !

Les majorités ne fondent *rien de stable,* quand elles attentent à la liberté dont je parle, quand elles *renversent* la loi.

Au-dessus d'une loi votée par une Assemblée quelconque, il existe toujours une LOI SUPÉRIEURE ET IMMUABLE d'humanité, de loyauté, d'équité, de dignité, de paternité et de *mutualité* : LA LIBERTÉ D'AUTRUI, — liberté primordiale, universelle, éternelle aussi *et indestructible.*

Les lois iniques et *menteuses* qui ne respectent pas cette loi suprême ne naissent pas viables. Ce sont des monstres.

XVI. — La liberté « chérie » ne peut vraiment pas exister, uniquement, pour les pseudo-libéraux (dont nous ne voulons, n'est-il pas vrai, ni vous, ni moi, faire partie). Autrement, *deux libéraux* de cette couleur *jaune,* de cette mauvaise trempe, et *de cette force,* ne pourraient jamais... SE REGARDER SANS RIRE.

Libéraux-jonquilles seront aussi tous ceux qui *refuseront l'héritage* aux uns, en s'empressant DE LE RÉCLAMER, de le maintenir *pour eux-mêmes* et pour leurs enfants (1).

Il n'est pas nécessaire d'être député, pour faire entendre la vérité *partout ;* et un traitement annuel de 9,000 francs ne leur est pas donné pour DÉTRUIRE le droit commun et *la chose publique,* la propriété *de tous.*

XVII. — Vous m'accorderez bien que si, pendant l'empire, *cinq voix* ont pu avoir quelquefois raison *contre* 300 *collègues,*

______

(1) Et nous ne faisons pas autre chose depuis le 21 janvier 1793.

135 voix peuvent, aujourd'hui, avoir parfaitement raison contre 301.

Ces majorités, « changeantes », ne *prouvent* donc rien, absolument rien ! Ce sont des majorités d'occasion et de recommencement. Elles *refont,* pour la centième fois, des EXPÉRIENCES... contre le sens commun !

De quel côté sont « les ignorantins » ?

C'est là tout ce que nous devons demander.

Nous vivons « quatre jours », a dit le même M. Renan ; mais *pour nous éclairer* mutuellement, pour redresser mutuellement *nos erreurs.*

XVIII. — A mon sens, il ne peut exister *qu'une seule opinion* VRAIMENT POLITIQUE, et *vraiment religieuse :* la justice pour tous, et, pour tous aussi, *l'égalité* DES DROITS ET DES DEVOIRS.

On a trop longtemps oublié *les deux compléments nécessaires* de ce mot : *égalité,* si dangereux et si FAUX — lorsqu'on le prononce *seul.*

La religion... c'est, en d'autres termes, la collection *éternelle, constante,* de principes *éternels,* CONSTANTS.

La France se débat, malheureusement, et depuis trop longtemps, dans une perpétuelle et terrible équivoque, dans une alternative qui, de part et d'autre, ramènera *sans cesse* les mêmes dangers :

« Souveraineté *absolue* du Roi ! » disent les uns.

« Souveraineté *absolue* du Peuple ! » répondent les autres.

Ce dilemme EST ÉGALEMENT FAUX des deux côtés, et personne, que je sache, n'a suffisamment examiné et discuté ce *nœud* de de la question vitale et patriotique.

Si l'une *quelconque* de ces deux souverainetés existe, — *a le droit d'exister,* — il est clair qu'il n'existe et qu'il n'existera, dans l'un ou l'autre cas, *jamais rien de stable;* il est évident qu'aucune constitution, aucun contrat, aucun traité, ne pourront *jamais* être sûrement conclus avec le Roi absolu, ou le Peuple

absolu, — puisqu'ils *pourraient,* l'un comme l'autre, et en vertu *de ce faux principe,* défaire dès le lendemain tous les pactes qu'ils auraient faits, et conclus, et arrêtés LA VEILLE !

Dans ces deux systèmes, à résultats identiques, Peuple et Roi *s'enlèvent* à eux-mêmes toute possibilité de protection, *intérieure* ou *extérieure,* tout appui, toute alliance durable.

Ils se DESTITUENT.

XIX. — Disons donc que la vérité vraie, c'est, en tout et partout, le RESPECT d'autrui, le respect du droit *primitif*, originaire, — le respect des contrats antérieurs et immuables, par lesquels nous avons vécu, et sans la protection desquels *nous ne pouvons pas vivre,* — des contrats *non viciés* par un acte antérieur de despotisme OU DE NOMBRE, de violence ou de dol, — des contrats enfin qui *puiseront* toujours leur garantie de perpétuité (malgré toute intervention des passions et des ardeurs humaines) dans l'*attachement* — indépendant de toute circonstance *extérieure* — et inébranlable — *à la protection vraie,* à la protection « réciproque » *promise.*

Dans aucune société — honnête — jamais le contrat d'origine (le contrat *statutaire*) n'a pu être *justement* et honnêtement déchiré par *l'un* des contractants.

Les changements d'*opinion* n'emportent nullement les changements *de devoirs.* Le devoir, envers autrui, ne varie pas.

XX. — En criant sur tous les toits : « Sus aux Évêques, sus » aux Jésuites — sus aux curés, sus aux séminaires, sus aux » cléricaux ! » *vous ameutez contre eux* la tourbe imbécile et immonde.

Qui distinguera ceux qui sont, et ceux qui ne sont pas « cléricaux » ? Avouez donc que, dans votre pensée, sont cléricaux, et « archi-cléricaux », *tous ceux* qui, en politique, ne pensent pas COMME VOUS. Voilà la vérité !

Vous désignez à la haine, aux proscriptions, au pétrole, *les suspects;* et nous pouvons, vous et moi, constater que les assassins sont « dans le mouvement » (dans la règle), puisqu'il est désormais convenu « qu'il n'y a pas de Dieu ».

Vous préparez ainsi, sans le vouloir, mais à date prochaine, l'introduction chez nous du nihilisme russe, — *une Saint-Barthélemy* radicale, — *l'inquisition* retournée.

N'est-ce pas votre ami, ne sont-ce pas vos alliés qui *défendent* d'exprimer même un sentiment, même une objection, contre des lois non votées, contre *des propositions* de loi !!!

Votre despotisme inconscient laisse passer dans toutes questions le bout de l'oreille; à peine êtes-vous devenus LES MAITRES, vous vous montrez *dangereux* et plus intolérants que les pires.

XXI. — Si vous persistez, cher Monsieur, si vous vous engagez plus avant dans cette lutte *du nombre,* c'est-à-dire, ici, remarquez-le bien, d'une MINORITÉ contre LE DROIT DE TOUS, contre le droit *universel,* libre à vous! Mais vous deviendrez bien et dûment RESPONSABLE... (moralement, c'est entendu)... jusqu'à ce que la responsabilité *matérielle* et *effective,* comme je la souhaite et la *prévois,* ait été enfin déterminée par nos lois et IMPOSÉE par l'opinion publique.

En ce qui me touche, ni dans la question de charité, ni dans la question politique, *jamais* je ne consentirai à admettre que les séparations, les divisions de *plus en plus tranchées* — soient *utiles,* — et qu'elles doivent être ainsi *multipliées* pour le bonheur public.

Jamais je ne *croirai* que l'*arbre français,* puissant et nourricier, et généreux par excellence, arbre auquel (à *l'imitation* de cet étrange et bientôt délaissé « kulturkampf »), *vous vous empressez* D'AMPUTER les quatre cinquièmes de ses *organes* de vie, puisse vraiment porter des fruits plus nombreux et plus beaux, et devenir surtout PLUS ROBUSTE contre *l'ennemi* toujours présent : L'AVIDITÉ, LA TEMPÊTE !!

Je ne m'inclinerai certes pas devant cette crédulité *actuelle*, et (le dernier vote l'a démontré) *législative*.

Je vous prie d'agréer, Monsieur,
l'assurance de mes respectueux et très dévoués sentiments,

XX,

Notaire honoraire, ancien premier syndic de lá chambre
des notaires de...

P.-S. Je serais parfaitement *naïf*, si je ne reconnaissais que je puis me tromper ; mais la vraie force consiste d'abord, il me semble, à se mettre d'*accord* avec soi-même, puis avec *tous les principes* écrits, et, en dernière analyse, avec ce critérium indispensable et utile à tous : *les libertés in-enlevables* et *réciproques*.

Cette réplique, imprimée d'abord seule et sans indication d'aucun nom (par un sentiment de réserve que chacun comprendra), a été transmise au destinataire. La lettre d'envoi, — signée — indiquait, bien entendu, quel en était l'auteur *responsable*, et interdisait ainsi toute possibilité, toute idée même d'un désavœu.

Elle a été l'occasion des deux réponses suivantes :

DEUXIÈME LETTRE

CHAMBRE
DES DÉPUTÉS

20 Juin 1879.

CHER MONSIEUR,

Votre brochure ne m'a été remise par mon frère que le **18**. Heureusement *qu'il m'a annoncé qu'elle s'adressait à moi;* car je ne l'aurais pas soupçonné. Vous avez fait beaucoup d'honneur à une lettre de politesse en y répondant par un imprimé. Je vous prie de croire que je n'ai jamais eu la prétention de vous convaincre ; un tel résultat serait un miracle. Comme vous, j'ai employé mes loisirs à de petites publications, avec cette différence que j'y ai toujours mis mon nom, pour en avoir la responsabilité, ou en recueillir l'honneur. *Vous êtes plus sage que moi.*

Agréez, cher Monsieur, l'assurance de mes sentiments dévoués,

V. PLESSIER.

TROISIÈME LETTRE

CHAMBRE
DES DÉPUTÉS

Paris, le 1er Août 1879.

CHER MONSIEUR,

Je crois vous être agréable en vous rassurant au sujet de la prospérité des établissements d'assistance publique.

Au sein de la Commission du Sénat chargée de l'examen de la nouvelle loi, on a allégué que l'abolition du *privilège* créé par la loi de 1873 en faveur des ecclésiastiques serait préjudiciable à ces établissements. Pour juger de la valeur de l'objection, on a consulté *la statistique,* et l'on a constaté que le chiffre des legs et dons qui n'avait cessé de s'accroître annuellement depuis longtemps, s'était arrêté, puis abaissé à partir de 1873.

On en a conclu naturellement que la suppression du privilège aura pour effet de *développer* les ressources de la charité publique.

Il est tout naturel que des administrateurs, jouissant de la sympathie et de la confiance des populations, attirent plus de libéralités que des hommes qui, comme la société de Saint-Vincent de Paul, songent plus à la sanctification qu'à la charité.

Agréez, Monsieur, l'assurance de mes meilleurs sentiments,

V. Plessier.

DEUXIÈME RÉPONSE A M. V. PLESSIER

DÉPUTÉ DE SEINE-ET-MARNE.

Limours, 6 août 1879.

Cher Monsieur,

J'ai beaucoup tardé à vous donner signe de vie et à vous remercier de l'envoi de votre discours à la Chambre, — discours qui a dû nécessiter beaucoup de recherches. Mais pendant les deux derniers mois, à la suite de deux accès de la détestable maladie qui ne me laisse jamais un instant de repos, j'ai dû garder le lit, sans qu'il me fût possible ni de me dresser, ni de tenir une plume. Le bras droit s'étant un peu dégagé, je m'empresse d'acquitter ma dette.

Sous peu de jours aussi, je remercierai votre frère, mon excellent camarade, de la lettre toute affectueuse qu'il a bien voulu m'adresser.

1. — Je le vois, ainsi que vous, cher Monsieur, affamé de République. JE LE SERAIS AUSSI si, par cette appellation trop élastique, vous entendiez exprimer (avec l'amour que je vous sais pour la grandeur, la dignité et la SÉCURITÉ de la patrie) le dévouement le plus absolu à « la chose de tous » — le respect des libertés *d'autrui*, — car il faut être logique ; — la répulsion la plus vive contre tout ce qui ressemble à l'abus de la force, à la persécution, à *la tyrannie;* — enfin, la compassion pour les anciens et *les nouveaux* Girondins.

Mais quelle tendresse puis-je avoir pour tous ceux qui, de concession en concession, de faiblesse en faiblesse, nous ont amoindris au dedans, isolés au dehors? Ils nous entraînent au précipice, les yeux fermés, le sourire aux lèvres, en offrant comme marchepied *leur échine* aux amis des Raoul Rigault, aux frères égarés de Nouméa, et aux grands génies — aujourd'hui mieux lotis, ou sur le point de l'être — (les Floquet, les Leroyer, les Engelhart) qui *insultent* les Rois, nos voisins, pour nous ménager des alliances, qui *renversent* les juges de leurs sièges, exaltent les Labordère et les Brissy, et qui, après avoir gratté nos murs, et supprimé notre histoire, renverseront — pour être logiques — tous nos monuments et supprimeront la Patrie.., si *les vrais* républicains ne s'y opposent.

2. — Il existe, en effet, une République dont je suis l'admirateur, et à laquelle on reviendra, bon gré, mal gré, — la République *patris-familias* , — le gouvernement patriarcal et héréditaire.

« Quelle *sécurité pour votre Patrie* (me disait à Nice, en
» 1875, un Russe, ancien Conseiller de Cour), quelle sécurité
» peut jamais offrir un gouvernement GIROUETTE qui est exposé
» à changer à chaque instant de directeur et de direction ?
» Hier vous aviez pour président M. Thiers ; aujourd'hui, c'est
» le maréchal de Mac-Mahon ; demain ce sera X. Vos gou-
» vernants, A L'ANNÉE, OU AU MOIS, n'ont aucune assiette, aucune
» durée. — Quelle solide alliance vos républicains peuvent-ils
» donc espérer voir une nation bien assise contracter *avec eux* ? »

3. — Ce nom de Républicain est porté par tant de tristes et
pauvres esprits ; on a tant et si bien démontré que, chez nous,
République signifie « — Royauté au petit pied, pour *les habiles,*
— anarchie, oppression et licence, pour *tous les bavards et
les déclassés,* » qu'à ceux qui se prosternent devant ces deux
noms ainsi défigurés, il faut vraiment un grand courage, et,
par surcroît, un grand amour de *l'équivoque.*

4. — L'équivoque, évidemment, est devenue *notre Reine.* On
la trouve partout. Notre pauvre nation s'en nourrit et en meurt.
— Les habiles ont toujours cherché — *un mot,* — plus ou
moins sonore, pour s'en faire... des rentes.

Liberté !... pour soi ; et, dès qu'on est le plus fort, les me-
nottes aux autres ! — L'étranger, qui nous juge, doit furieuse-
ment se moquer de nous.

Égalité !... Le rédacteur de Constitution qui a écrit : « Tous les
» Français sont égaux devant la Loi » au lieu de dire : « Tous
» les Français sont *soumis* à la Loi, » a été bien malheureusement
inspiré. Le républicain le plus républicanisant sera obligé d'en
convenir. Qu'est-il arrivé, en effet ? Avec la légèreté qui nous
distingue, le Français « né malin » — le peuple (jadis) le plus
spirituel de la terre, a tout naïvement supprimé le « devant la
» Loi » — c'est-à-dire, précisément ce qui donnait *un sens* et
l'exactitude à la phrase.

Et nous vivons depuis lors sous cette équivoque estampillée et *gouvernementale!*

5. — Bien entendu, entre vous et moi, dans notre for intérieur, nous n'aurons jamais L'HYPOCRISIE de professer ou LA SOTTISE de croire que tous les Français, que tous les hommes soient égaux. Cependant cette doctrine TRIOMPHE; et elle a donné naissance à ce suffrage *universel*, établi par un Ledru, rétabli par un Napoléon, et que tous, soi-disant patriotes, soi-disant républicains, et soi-disant docteurs en politique, admirent (ou acceptent) comme le *nec plus ultrà* de la raison, de la logique et de la science !

6. — Fraternité!... vos pseudo-républicains l'ont, en vérité, bien appliquée et bien comprise. Toute manifestation religieuse *extérieure* les blesse, disent-ils; c'est une atteinte à *leur* liberté de conscience. Cette blessure doit les mener loin. Ils se trouveront un jour encore plus « blessés » par *la vue* de Notre-Dame de Paris, d'une synagogue, ou d'un temple.

J'ai toujours vu que celui qui assiège ou attaque *l'extérieur*, ne tardait pas à attaquer l'intérieur de la place. Toutes les *protestations* contraires (et à propos de la loi Ferry, c'est aujourd'hui : « le mot d'ordre ») toutes ces affirmations de respect, sincères dans le cœur du Girondin illogique et aveugle qui *cède* et LIVRE tous les avant-postes, deviennent autant de MENSONGES chez les Jacobins qui vous poussent, qui veulent se mettre à vos bonnes places, et que vous *servez* par vos approbations, par votre silence, par des *capitulations* de plus en plus graves. — Vous ne défendez rien!

7. — Je vous vois très irrité, cher Monsieur, contre « les ecclésiastiques; » et M. Ferry n'attaque encore — à l'entendre — que « les Jésuites ». — Votre loi, dirigée *contre les curés*, et préparée avec recueillement par M. Gambetta et ses alliés, va donc PLUS LOIN, puisqu'elle frappe directement ceux dont

M. Ferry AFFIRME vouloir se faire « le protecteur!! » Ni vous, ni lui, n'avez aperçu cette flagrante *contradiction*.

La loi sur le Conseil d'Etat, la composition projetée du Conseil d'enseignement supérieur, — *la chasse à courre* organisée contre les Frères et les Sœurs, n'ont-elles pas le même but?

Qui donc M. Ferry et ceux qui le soutiennent espèrent-ils tromper?

8. — La contradiction est plus évidente encore lorsqu'on voit ceux-là même qui se disent *blessés* « par les manifestations » extérieures des catholiques (puis des israélites, puis des » protestants) » s'empresser de *manifester* sur le corps d'un pauvre enfant, avec MM. Hérold et Léon Say, et cela, sans se préoccuper de *blesser* la conscience des autres. — N'est-ce pas là la manifestation approuvée — *et choyée* — de la plus complète irréligion?

Vous êtes donc allé trop loin. Vous avez *montré* le but, et *aidé* LES ATHÉES de votre coup de pioche.

9. — Vous estimez comme moi, j'en suis certain, que les athées dès qu'ils se démasquent, sont de véritables « empoisonneurs » publics. » — Voilà nos pires ennemis !

Les *théoriciens* en athéisme sont *des niais* qui appellent, CHEZ EUX, dans leur propre maison, le désordre, le viol, le meurtre et l'incendie. Je leur préfère, de beaucoup, ceux qui mettent l'athéisme *en pratique*. Ceux-ci, du moins, sont conséquents et *pleins de franchise*. Ils détruisent, ils ne pervertissent pas !

10. — Ce système « imbécile » tombe à plat devant cette objection déjà publiée en 1877 (1), mais à laquelle il n'a pas été répondu et qui ne sera jamais détruite :

Personne, jusqu'ici, n'a *osé* contester *l'existence* DES LOIS, si

(1) Voir la note *in fine*.

nombreuses et si admirées, qui gouvernent le monde. Or, vous êtes, cher Monsieur, mieux placé que personne pour constater et *déclarer avec moi* « qu'une loi est une pure conception de » l'esprit, et qu'elle n'a rien de matériel ».

Donc, ces lois ÉTERNELLES que personne ne nie et *ne peut nier*, démontrent formellement et proclament (scientifiquement), — *à elles seules* — l'existence d'un Législateur..., et L'INSANITÉ des doctrines qui *divinisent* le hasard et *le néant*, pour légitimer *les appétits*.

Le hasard n'a jamais rassemblé ni *les caractères* d'un livre, ni *les pierres* de Notre-Dame. — Le hasard n'a jamais rien créé.

11. — De la fraternité tant prônée, l'athéisme fait *une dérision,* un mythe. — Si *nous n'avons pas d'auteur commun*, comment pouvons-nous *être frères?*

L'athéisme est, en premier lieu, UN CRIME contre la société et la Patrie. Il anéantit le dévouement, le droit et la justice.

Je ne sais si tous les athées sont ou deviendront DES ASSASSINS ; mais vous ne nierez pas qu'ils peuvent *se flatter* d'avoir tous les assassins pour amis..., pour *alliés et coreligionnaires*.

La justice et le droit sont, non pas *en nous*, — mais *entre vous et moi* ; — au-dessus de nos têtes ! Ils sont, par conséquent, D'ESSENCE DIVINE.

Je défie que l'on puisse contester cela.

Et si nous nous *abaissons* à remplacer ces PROTECTEURS CERTAINS par « l'instinct naturel des brutes » — vous serez d'abord contraint de reconnaître qu'il existe « de bons et de mauvais instincts » ; — puis, dès que votre voisin *opposera* « son instinct *au vôtre,* » vous n'aurez rien, absolument rien à lui répliquer.

12. — Vous combattez, m'écrivez-vous, *les privilèges*. — Encore une équivoque et de nouvelles contradictions.

Est-ce un privilège que *le fait* d'être *plus instruit*, et mieux placé pour connaître ceux qui sont vraiment pauvres? A ce compte, *vous appellerez des comédiens* pour signaler les souffrances du commerce et *des danseurs* pour soigner les malades!

Privilèges, dites-vous! Et vous n'apercevez pas; vous ne vous indignez pas! Vous acceptez l'énorme PRIVILÈGE, placé par MM. Bert et Ferry dans les mains des francs-maçons et des libres-songeurs, avec le concours de ces Rois d'un jour, que vous vénérez parce qu'ils forment, je vous l'ai dit, une majorité *dans un petit cercle,* et qui, fanatiques des Droits *de l'homme,* mettent sous leur talon le Droit d'autrui, — LE PREMIER DES DROITS, mais le plus honni et le plus méprisé. — Vous admettez le privilège... d'une religion, non!... d'une *irréligion d'État!!*

13. — Nous entendrons, pendant ces vacances, nous entendons *déjà,* les enfarinés, — les Rominagrobis de la L∴ de la Clémente-Amitié, prendre leurs tabliers à témoins de leur respect pour tous les cultes, et de leur AFFECTION pour les congrégations AUTORISÉES : « Nous ne voulons porter aucune atteinte » aux croyances que vous ont léguées vos Pères (discours » tout récent d'un de vos amis). Que les mères se rassurent!! » — Ah! le bon billet qu'a Lachâtre? — Ne suffit-il pas de voir avec quel entrain on chasse les congréganistes *autorisés,* avec quelle joie on remplace les instituteurs *accusés* de cléricalisme, — avec quelle AUDACE et quel empressement on *récompense* d'un siège au Conseil d'Etat restauré — (avec mission de *juger* ces mêmes congréganistes) ce préfet Roussel, qui a inauguré dans l'Yonne *la guerre contre les sœurs,* cet ancien magistrat à qui les magistrats en titre ont inutilement démontré la malveillance et la CRUAUTÉ de son zèle?

14. — Il est avéré, malheureusement, que les raisonnements vis-à-vis des sourds et des aveugles *volontaires* ne servent pas à grand'chose, — « tant que *l'éclair* n'a pas jailli. » (1) — Leur esprit

(1) *Petites Correspondances* (Alcan-Lévy, imprimeur. Paris 1873 et 1874).

passe à côté des arguments qu'ils jugent impossibles à réfuter;
ils se taisent, — se gardent d'aborder la plus petite objection,
n'examinent rien, et passent à d'autres exercices. C'est l'an-
cienne histoire. « Leur siège est fait. » Mais sur quelles bases?

Le peuple souffrira, la Patrie souffrira. Que leur importe? —
Nous sommes donc réduits à attendre philosophiquement cette
fin, les résultats.

En ce qui touche spécialement les bureaux de bienfaisance,
c'est à ces résultats — prochains — que j'en appelle.

15. — Je n'attache pas « aux relevés statistiques » (quand
ils s'appliquent, comme dans l'espèce, à un passé fortement
influencé par les suites d'une guerre désastreuse et d'une crise
commerciale et politique *intense*) une importance plus grande
qu'à ce qui a pu se passer d'irrégulier ou d'incorrect dans les
établissements hospitaliers réglementés par nos anciens Rois.

Dans toute œuvre humaine, vous le savez comme moi, il
sera toujours possible de constater quelques imperfections. La
loi de 1873 en contient-elle? Vous n'en signalez *pas une!* Et,
avec une loi de colère, vous prétendez faire mieux!

16. — Le talent, la supériorité de vos nouveaux administrateurs ne se sont pas encore révélés. On les veut plus malléables,
n'est-ce pas? — et surtout très portés à venir en |*aide* aux
nécessités... politiques. Attendons-les à l'œuvre. Cette expérience — en mieux, — découvrira de nouveaux horizons; — et
alors (un peu tard peut-être pour les finances des pauvres), il
faudra bien se rendre à l'évidence; et si les pauvres, les vrais
pauvres, n'en souffrent pas trop, ils le devront, vous le verrez,
aux adversaires dont vous aurez décuplé le nombre.

Je vous demande donc crédit, cher Monsieur, jusqu'au prin-
temps, pour vous donner déjà des preuves statistiques. Il vous
suffira de comparer les recettes faites pendant l'hiver prochain
dans les vingt arrondissements de Paris, par les bureaux officiels,

avec celles des années précédentes. Et la sympathie que vous accordez et que vous supposez acquise à *la majorité* des conseillers municipaux de Paris, vous apparaîtra... *chiffrée.*

17. — Dès le premier jour, votre projet de loi m'a paru... ce qu'il est en réalité (sans que vous l'ayez soupçonné sans doute) : un nouveau symptôme — *entre mille,* un nouveau pas vers la destruction « lente, mais sûre » de la liberté religieuse ET CIVILE.

C'est la guerre *à toute opposition*, sous prétexte de guerre aux cléricaux et aux associations religieuses ; et cette horreur *de toute résistance* à votre bizarre *idéal* de gouvernement vous empêche *de voir* les agissements, le despotisme et les dangers d'une franc-maçonnerie matérialiste, aujourd'hui triomphante ; — la plus sûre alliée *de la Marianne*, le plus puissant « cheval de renfort » de *l'internationale* et des bons voisins qui souhaitent (avec la même passion) l'émiettement de notre nation, la perpétuité de nos discordes.

18. — « Les divisions, ai-je écrit dès 1873 à mon ami Sébert,
» les divisions sont *notre ruine.* La nation EST UNE FAMILLE,
» et si vous détruisez les principes éternels sur lesquels la
» famille *a été fondée,* et par lesquels elle existe et *se perpétue,*
» vous conviez l'étranger A SA DESTRUCTION. — Si le fils est
» *l'égal* de son père, si sa voix pèse autant dans le conseil
» et dans l'urne, — n'en doutez pas ! — la maison s'écroulera
» un peu plus tôt, un peu plus tard. » — Ce sont·là, n'est-ce pas, cher Monsieur, des vérités ÉVIDENTES, mais que beaucoup, ici ou là, ont un intérêt *personnel* à ne pas voir, — intérêt *viager* et par conséquent sans durée et *sans honneur*.

19. — Je me défie, par instinct, de toutes les sociétés *secrètes.* On ne sait jamais qui les inspire et les dirige, ni à quelles destructions elles conduiront les hommes. C'est *l'image* du despotisme et de l'asservissement *les plus complets.* On n'en peut pas dire autant des religions *reconnues,* ni des congréga-

tions qui en dérivent, ni de cette société de Saint Vincent de Paul, votre tête de Turc.

Que des Jacobins clairsemés aspirent à exterminer TOUS LEURS ADVERSAIRES, cela se conçoit. Ils ont l'esprit assez obtus pour croire la chose possible. — Mais au point de vue français, intelligent et social, je préfère pour ma part les oppositions *qui ne font pas de barricades*, et je place les congrégations, même entachées de mysticisme (qui ne conduiront certainement à aucun crime contre la société et la Patrie) bien au dessus des associations *laïques* qui, SANS MÊME S'EN DOUTER, peuvent recevoir *leur consigne* de Nouméa ou de Berlin.

20. — Cette soif « de sanctification » qui selon vous domine, chez les cléricaux, « l'idée de charité » sera toujours, avouez-le, moins dangereuse *dans ses effets* que les résultats logiques, nécessaires, d'une *démoralisation générale* par cette glorification, actuelle et *éhontée,* de l'athéisme.

Ce sont ces excitations anti-religieuses qui conduisent les Abadie, les Gilles et les Farigoul, ces jolis sociétaires de 20, 19 et 14 ans, à Montreuil d'abord, puis à la Cour d'assises.

Quels sont les entraînés, et les entraîneurs ?

21. — En résumé, et pour clore cette trop longue lettre, je demande (sur la question *principale*) que *vos amis* veuillent bien laisser aux pères de famille la possibilité de choisir pour leurs enfants une autre direction que celle de *leur adversaire* politique et religieux, — puisque vous-même, cher Monsieur, VOUS N'ACCEPTERIEZ PAS UN TEL ESCLAVAGE!

(Ici, je défie tous et chacun de mes adversaires de me répondre « qu'ils accepteraient pour leurs enfants cette légis-
» lation odieuse et ridicule. »)

En ce qui touche les libres-songeurs, les athées, ceux enfin qui proclament pour leur propre pensée *la licence,* en confisquant la pensée des autres, — de même que je leur laisse la aculté de procéder librement à leur enfouissement INTÉGRAL, de même je réclame pour moi de n'être point un jour empêché de défendre et de manifester, en toute occasion, les convictions *contraires*.

Si ce *desideratum* manque de raison et de justice, je m'incline; mais si je suis dans le vrai, je serai très aise de vous voir le reconnaître.

22. — Un mot maintenant sur la surprise que vous avez éprouvée, en ne voyant pas mon nom au pied de ma brochure. La lettre *d'envoi* me semble la meilleure attestation d'origine, — sans anonymat. Je signe des deux mains tout ce que j'écris; et si j'ai pensé n'avoir nul besoin de faire connaître le nom de l'auteur *au public*, c'est que je n'ai pas songé à cet *honneur* dont vous avez bien voulu me présenter l'hypothèse.

Mais pour vous bien prouver que je ne renie rien de mes doctrines (jusqu'à ce qu'elles me soient démontrées fausses), je me réserve de publier cette correspondance amicale, — et cette fois avec nos deux noms, — puisque vous n'admettez pas l'anonymat, que je condamne aussi.

Je vous prie de croire, cher Monsieur, à tous mes sentiments respectueux et dévoués,

Maxime Gripon.

Cette seconde réplique a été expédiée le 8 août 1879 et j'ai terminé ma lettre d'envoi par ces mots :

« On fait souvent plus qu'on ne veut et plus qu'on ne croit.

» 1789 et 1793, — 1848 et 1851, — le 4 septembre et » le 18 mars — en sont de frappants exemples.

» Les mêmes causes produiront les mêmes effets. »

Du 8 août à ce jour, il ne m'est parvenu aucune réfutation, aucune réponse.

TROISIÈME PARTIE

GRIEFS CONTRE LES INSTITUTEURS NON LAÏQUES.
RÉVÉLATION DE LEURS FORFAITS.

I. — Le long silence dont je viens de parler m'a permis de rechercher de quelles armes les francs-maçons et les athées se servent, de quels griefs ils argumentent contre cette fraction de leurs adversaires qu'ils s'exercent — afin de les écraser en détail, — à ranger et cantonner *en première ligne*. Le chef-d'œuvre, déjà cité page 7, du Député de Seine-et-Oise, a rendu cette recherche facile.

Ce grand-prêtre d'une *science* « qui se *réserve* l'avenir » n'a pas su garder sur ce point, à l'exemple de ses chefs, le silence prudent du prudent Conrart.

Pour la France et pour la postérité, et dans le noble but d'exciter les haines et d'enlever tous les doutes, ce vainqueur craintif et cependant « résolu », qui — nous le verrons — PRÊTE à ses adversaires les iniquités *de ses rêves,* cet observateur sagace qui atteste « n'avoir jamais appris N'IMPORTE QUELLE grande » œuvre de bien accomplie *par eux* » — et qui chercherait *beaucoup plus vainement* les grandes œuvres de bien accomplies par les francs-maçons, ses collègues; ce grand politique qui, « *s'il eût été Ministre* (page 50 de son livre) eût, sans hésitation, » COMMENCÉ par les Jésuites! » — s'est évertué à dresser contre les Jésuites... et les Évêques... un écrasant réquisitoire, factum pédantesque, lourd, illisible et, comme on va le voir, illustré par un style *ad hoc,* et par les raisonnements les plus étranges.

II. — « Nous ne persécutons pas, s'écrie-t-il, pages 9, 16, 17
» et 35, nous sommes persécutés! Vous vous êtes *tout permis*
» sur nous. Vous nous avez *envahis*, et cet envahissement
» remonte à Louis-Philippe. »

M. de Bismark, qui apprécie si hautement *chez lui* le vrai
patriotisme, doit être satisfait. L'envahissement prussien est
oublié.

« Vous êtes habiles *sur nous*. Mais nous sommes vos vain-
» queurs ! » (Des vainqueurs persécutés, n'est-ce pas assez neuf?)

« Il me paraît *probable,* dit encore notre auteur (pages 9, 14,
» 29, 34 et 73), que l'infaillibilité, *non moins que* la constitution
» royale italienne, » *amèneront* (sic) des crises graves.., parce
» que cela est dans les *probabilités*. »

« Rome espère pouvoir enrayer le mouvement moderne,
» comme elle l'a *probablement* fait au moyen âge, et comme
» elle le fait *probablement* en ce moment même. »

III. — Parmi ces perles (et leur nombre est incommensu-
rable), ce romancier libre-songeur et *déiste,* ce savant « qui
a beaucoup voyagé » dans sa jeunesse, reproduit quelques
axiomes aujourd'hui négligés, mais d'une exactitude incontes-
tée..... en temps de réflexion et de calme :

« La Religion a des grandeurs sublimes. »

« L'avenir est à Dieu. L'homme s'agite, Dieu le mène! »

« Dieu veuille écarter, de vous et de nous, *l'orage* que vous
» et nous RÉUNIS (??)... NOUS NE POURRONS PLUS conjurer! »

Pour écarter les orages — que chacun prévoit — si *l'union*
vous semble *nécessaire,* pourquoi diviser? Pourquoi proscrire?

Il cite aussi les vérités suivantes, — qui devraient l'éclairer,
tant elles resplendissent :

« *Quos vult perdere Jupiter dementat.* »

« Plus les pouvoirs sont EXCESSIFS, plus ils hâtent *leur*
» *chute.* »

Tout ceci est parfaitement exact. Mais il ajoute : « Vous êtes

» des chimistes *imprudents* qui triturez sans précaution, une
» substance explosible. »

Les *cautions* et les précautions sont malheureusement absen-
tes. Elles ne peuvent se rencontrer que dans *les leçons* fournies
par l'histoire des anciens Girondins, et de toutes nos guerres
civiles. Notre perspicace auteur se garde bien de faire, des
seules paroles sensées que nous ayons relevées dans son livre,
aucune application *à lui-même,* ou à ceux qui *détiennent* LES
POUVOIRS, à cette *majorité* qui INVENTE chaque jour *des discordes* et des divisions nouvelles, à ceux enfin qui porteront
la responsabilité de leur DÉMENCE et de leurs actes, malgré les
affirmations, — *les crédulités* — contraires.

IV. — Cet homme de bien n'a pas encore *osé supprimer* Dieu,
ni arborer — complètement — le drapeau du matérialisme.
Cependant, il est sur le grand chemin : « Il *entend* penser. »

Il *biffe* avec enthousiasme les Dominicains, les Chartreux, les
Trappistes, les Carmes « qui (page 56) ont aliéné, *sans le perdre,*
» leur privilège de Français ». Il poursuit, — « sans les
» persécuter » (il persécute, — sans les poursuivre) « LES
» IDÉES CLÉRICALES ». Il voudrait voir « les enfants de troupe
» *conduits* (et sans doute aussi instruits et dirigés) par des soldats
» *comme eux,* et non par *des frères,* à l'œil éteint,... à la longue
» robe noire! »

Il adresse les mêmes et sottes injures « adoucies cependant,
» affirme-t-il, par toutes sortes de précautions de langage », aux
jésuites, aux prêtres, aux évêques, aux congréganistes; et il
croit les anéantir sous ses raisonnements contradictoires, sous
ses dilemnes grotesques :

« Vous prétendez, dit-il aux évêques (page 66), que la religion,
» que toutes les religions sont *persécutées,* et que nous voulons
» les détruire. — *Ou cela est vrai,* et alors nous examinerons,
» nous aviserons... *Ou cela est faux,* et dans ce cas, quelle
» ESTIME puis-je avoir pour vous? »

Nous aviserons!... Oui, quand le mal sera fait, quand il sera trop tard! — Et pour que le mal s'accomplisse, ne suffit-il pas « que les nouvelles couches » ouvrent les yeux, entendent vos discours, monsieur le Député, — et lisent *vos projets* ministériels? — Un *ennemi ne dit jamais* tout ce qu'il veut faire. — Un *niais* ne *prévoit* jamais tout ce que produira sa sottise.

« Il n'y a pas persécution, continue l'honorable auteur, il y » a *guerre* (ce qui est tout différent); et cette guerre est *la con-* » *séquence* DE VOS DÉFAITES. »

V. — « Il n'y a pas persécution? » Quel autre nom donner à une poursuite *continuée après la défaite,* — à cette guerre — toujours IGNOBLE et toujours LACHE — des victorieux contre les vaincus?

Si cette guerre — « aux idées » — est *excusable*, tous les tyrans anciens et modernes sont EXCUSÉS. Ils se défendaient, ils guerroyaient,... ils ne persécutaient pas!

Quelle ESTIME méritent ceux qui émettent une pareille thèse? — Et qu'aurez-vous à répondre, *quand on vous l'opposera?*

VI. — « Je vous respecte, dit encore le doucereux accusateur, » Vous comptez de toutes manières parmi les principaux *d'entre* » *nous.* Vous êtes généralement aussi pauvres que probes. »

« Mais vos plaintes en douleurs?... Spéculation commerciale! »

« Les jésuites et vous.... c'est tout un. Les congrégations? » — sbires noirs, oiseaux de passage QU'IL FAUT CHASSER, » sous peine *qu'ils* (sic) saccagent *nos récoltes futures.* »

« Pourquoi ne pas EN TERMINER de suite avec eux? »

En terminer?... En quel style charmant « ces choses-là sont » dites! » C'est net et bref, comme un tranchant de guillotine.

Les Girondins qui ont *préparé* les nouvelles couches, les Jacobins qui ont TERMINÉ la Terreur, *imaginaient* aussi tenir dans leurs mains débiles LA SOLUTION de toutes les questions — LA FIN dernière.

Où cela les a-t-il conduits? Où nous ont-ils conduits?

Le mal qu'ils ont fait a *surpassé* le mal qu'ils voulaient faire. En mettant sous leurs pieds les principes de l'HÉRÉDITÉ et DU RESPECT, ils ont rendu possible *tout ce que nous avons souffert.*

Et pourtant ils n'ont pas, comme les positivistes de l'heure présente, audacieusement *nié* L'AUTORITÉ INSONDABLE, le SUPRÊME CRÉATEUR DES LOIS, — dont ces mêmes positivistes sont *obligés* de constater l'*immutabilité* et la *préexistence.*

VII. — La République, telle que nos pseudo-républicains l'ont toujours interprétée, la République tyrannique et discrétionnaire, n'a pas encore aujourd'hui (et cela est heureux) fait *d'assez grands progrès* pour procéder ainsi, sur de *simples* allégations, à des bannissements en masse, à des *terminaisons* sommaires.

Examinons donc sur quelles RAISONS de *fait* et de *droit*, nos futurs gouvernants, la future *majorité*, les moissonneurs prochains de nos récoltes, prétendent *baser* leurs condamnations *ab irato*, et leurs proscriptions (déjà *commencées*), contre des instituteurs et des institutrices, manifestement atteints et convaincus de ce crime *nouveau* et irrémissible : la *non-laïcité*?

VIII. — Le Droit? — Nous avons déjà expliqué comment notre législateur le comprend :

« Ils violent, suivant lui, les *vieilles* lois françaises! » — (les lois anciennes, les lois abrogées!)

Et, en effet, les proscriptions dont il parle, et qu'il veut faire *revivre*, sont celles de l'ancien, du très ancien régime. Aucune loi n'a été *violée*, si ce n'est par les lois qu'il décrète.

Toute massue, quelle qu'en soit la provenance *royale*, semble bonne à ces destructeurs qui *se croient* républicains. — Ils ne se sont faits « les ennemis des Rois », que pour devenir ROIS EUX-MÊMES!

Cette majorité n'a jamais lu, ou relu, l'article 203 de notre

Code; et avec MM. Ferry et Gambetta, et autres éminents juristes, elle *espère* ARRACHER à tous les pères de famille *français* leur premier et naturel devoir, leur droit (universel) envers leurs enfants : celui de LES ÉLEVER !... (et non pas de *les abandonner* au premier venu, au premier occupant... « laïque et oppresseur », à l'image du Grand-Maître actuel, — et qui *se dira* républicain).

Ce parti-pris d'oppression apparaît encore avec évidence dans cet autre aveu (page 46 du même réquisitoire) : « Les projets » actuels *attentent-ils aux lois du pays?* Oui, certainement !! » et nos projets n'ont pas *d'autre but* que de *changer* ces lois... »

Changer *la loi!* Rien n'est plus commode, à première vue.

Mais, hélas ! (et ces éternels renverseurs n'en ont rien vu) ces changements sont-ils donc en harmonie avec la stabilité promise, avec le Droit *éternel,* avec les lois nécessaires qui ne peuvent être *modifiées*... sous peine de trouble, de *déchéance,* et DE MORT? Leurs lois seront-elles plus respectées ?

Ils ne *se sont assurés de rien* à cet égard. Ils n'ont ni l'intuition ni *la prescience des résultats ;* — résultats *immuables aussi*, et SURHUMAINS, puisque nulle force humaine ne les peut conjurer.

Ils n'ont ni la loyauté, ni la justice de rien examiner; et cependant ils peuvent, dès maintenant et facilement, se convaincre du danger des lois qu'ils proposent, puisque toute loi *contre le droit d'autrui* ne laissera debout ni LEUR PROPRE DROIT, ni le droit de leurs successeurs.

Ils l'auront *d'avance* renversé.

IX. — Le fait? — Il est, si l'on en croit le Député de Seine-et-Oise, patent et indiscutable :

« Ils vendent, écrit-il, page **20**, de la Bénédictine, de la » Trappistine (??), de la Chartreuse — et de l'eau de mélisse... »

Pour les besoins de sa cause, l'auteur transforme la maison de commerce rue Taranne, en un couvent de Carmes... déguisés!

« Ils sont PROBABLEMENT, ajoute-t-il, dans deux — *ou plus* —
» *de* nos grands magasins de nouveautés. »

Est-ce tolérable? — Et notre législateur ne pouvait mieux
faire que de signaler à ses contemporains des faits... si graves,
et pour lesquels le *bannissement* est une peine trop douce.

X. — Signalons aussi, de notre côté, le *genre de preuve* qui,
aujourd'hui, semble suffisant pour *écraser son voisin*. Signalons
surtout le détour plein de finesse, par lequel un législateur arrive
à transformer en vérité manifeste le fait qu'il vient, à l'instant
même, de déclarer *probable*.

« J'ai, dit-il, interrogé naguères, et à plusieurs reprises, —
» *l'un* des chefs de L'UNE de ces maisons. Il a chaque fois *évité*
» de me répondre. DONC LE FAIT EST VRAI !!! »

Bons électeurs, resterez-vous *incrédules* devant cette démonstration d'une limpidité... sans exemple? Qui de vous refuserait
de se laisser entraîner à la haine des Jésuites, et des rabbins, et
des pasteurs, et des prêtres, par cette logique serrée, par cette
science inouïe des déductions? Il n'y aurait plus — réellement
— aucune justice en France, aucun gouvernement possible si
tous ces « CRIMINELS » non laïques, et non pourvus d'une autorisation (autorisation *surérogatoire*, puisque nulle loi ne l'exige),
n'étaient pas condamnés sur de tels indices.

Voici d'ailleurs ce qui va les achever :

« Il y a quelques années (même page **20**) ILS ÉTAIENT DANS
» LES HUILES ! »

XI. — Après avoir ainsi labouré le terrain des faits « *décisifs* »,
le fantaisiste auteur se lance à corps perdu dans le champ —
non limité — DES CONJECTURES.

C'est un éreintement... par hypothèses.

« Tout cela, dit-il, DOIT leur rapporter des dizaines de mil-
» lions — par an. On leur PRÊTE généralement (l'eau de mélisse
» comprise) *un milliard* de revenu, le tiers du revenu de la
» France. »

Et aussitôt, sans avoir calculé combien il faudrait de dizaines de millions (hypothétiques) pour justifier le milliard bénévolement *prêté,* notre législateur affirme « LA NÉCESSITÉ D'ARRÊTER » cette ingérance qui tuera le commerce par un écrasant mono- » pole *de tout.* »

D'où cette conclusion — naturelle aux bons braconniers et à certains électeurs dévorés des mêmes envies et des mêmes haines : — « Il faut expulser, il faut piller, il faut fusiller tous » ces gens-là *beaucoup trop riches!* » — Toute richesse devient *un crime.* Toute ingérance *commerciale* tue le commerce!

XII. — Et ce n'est pas tout. — Les Jésuites, les congréga- nistes, et tous les suspects, et *tous les cléricaux* « sous les *ordres* » du Pape » (comme si le Pape donnait DES ORDRES !) sont, aux yeux de M. le Député, non seulement des accapareurs « de tout » — ils sont aussi des *assassins.*

Écoutons cela. La démence, qui s'ignore elle-même, ne peut aller plus loin. Les probabilités, les *suppositions* — supposi- tions sur lesquelles, en conscience et en droit, il n'est possible de rien asseoir, — vont reparaître à chaque ligne.

« L'histoire, dit-il, (pages 59 et 60), LEUR PRÊTE un ensemble » formidable de CRIMES.. exagérés peut-être... mais, au moins, » PROBABLES. — Ils ont une force colossale. »

« Et, s'écrie alors dans une magnifique apostrophe, l'incons- cient Fouquier-Tinville, — en laissant bien entendu à chaque électeur le soin de tirer l'effrayante conclusion, — et *s'ils* » *employaient* cette force au mal, par tous moyens... même DES » FORFAITS ? ? »

Ce serait terrible.

XIII. — Puis, ainsi engagé, le vénérable auteur s'empresse d'associer, dans une phrase boiteuse, une atroce *calomnie,* et l'une de ces énormes *balourdises* qui ont rendu immortelles et typiques la mémoire et les vérités de M. de La Palisse.

« Leur organisation à part, FAISANT de chacun d'eux un SÉÏDE
» A TOUT FAIRE, sous les ordres d'un chef, serait effrayante
» à supputer, si ce chef ÉTAIT un malhonnête homme. »

Évidemment notre consciencieux écrivain, effrayé par « le
» nombre des crimes » que sa crédulité impute à ses adversaires, n'a pas eu *conscience* des résultats possibles de son
odieuse insinuation. Séïdes à tout faire, est une allégation *gratuite*, puisqu'il n'essaye de l'étayer d'aucune preuve, d'aucun
semblant de preuve.

Il n'a pas vu qu'une « organisation à part » ne signifie *rien* par
elle-même. Il n'a pas compris que les Francs-Maçons « dont il
est », ayant aussi leur organisation *particulière*, pouvaient d'autant plus justement être accusés de se faire, dans une certaine
mesure, les séïdes « *à tout faire* » sous *les ordres* d'un chef ou
d'un parti, que, hier même, certain député franc-maçon
avouait à ses chers électeurs, — dans une salle de danse —
électorale — « avoir voté le retour des chambres à Paris,
» la mort dans l'âme, mais par cette raison (irréfragable) qu'un
» bon député *appartient*, avant tout, *à son parti*. »

Ce législateur, « ce serviteur très humble d'un chef », a ainsi
donné lui-même LA PREUVE que certains esprits mal équilibrés
s'empressent de juger, sans le moindre examen, d'après leurs
propres faiblesses, d'après leur conscience *étourdie*, la conscience
des autres !

Ces révérends Pères « de la foi civile » détournent et *retour-
nent*, — comme ils font de chaque chose, — le grand précepte
chrétien : « Ils *estiment* les autres comme ils *s'estiment* eux-
mêmes. »

Et leurs adversaires sont toujours bien traités.

XIV. — Dans ses discours et dans son œuvre, l'auteur
traduit et trahit les *intimes* pensées des vainqueurs : s'emparer
de nos fils (et bientôt de nos filles...). Il révèle, — et dans
quelle langue ! — le vrai, le seul grief contre les instituteurs

qui ne sont ni francs-maçons ni laïques : « leur habileté et
» *leurs succès !* »

« Supposez, continue le littérateur émérite, décidément épris
» des hypothèses, — *supposez* qu'il *se monte* en France une
» association... ayant pour but *secret* de pousser des insensés à
» assassiner les rois... pour ainsi engager ces rois... (assassi-
» nés!).. à réagir contre nos idées, et en vue d'exercer sur eux,
» *une autorité* SANS LIMITES !.. puis, que, pour aider et masquer
» ses fins de domination, elle *éduque des jeunes gens*, avec une
» habileté, COMME UN SUCCÈS hors ligne !!!... » (sic).

Qu'arriverait-il, grand Dieu! dans cette nouvelle et effrayante
supposition?

« Vu, dit-il, *le peu de clairvoyance* de la plupart des pères
» de famille, tous *trop occupés*, ou *trop indifférents* pour se
» donner *le mal* de réfléchir en dehors de leur *routine...* il y
» en aurait certainement d'assez *imprudents* pour envoyer leurs
» enfants aux pensionnats de cette association... »

Et ce célibataire, ce *protecteur* des rois, ce redresseur des
torts *des pères de famille*, — (il faut lire ces choses-là pour les
croire possibles) — indique à nouveau, et résume dans une
dernière exclamation — de même provenance naïve, — le gros
danger, le péril *social :*

« Si pareille *fantaisie* homicide, dit-il, *passait par la tête* du
» supérieur de la Compagnie de Jésus... (ou par celle d'un
» libre-penseur?...) qui donc *en empêcherait* l'exécution? »

N'est-ce pas là un comble ?

XV. — Eh bien, non! ceci n'est rien encore en comparaison
de ce qui va suivre. — Dans ce que nous venons d'analyser,
une portion seulement de la nation est menacée; les dogmes
—néo-républicains — qui terminent ce livre inspiré, conduiraient
la nation entière à sa ruine.

Je demande vraiment pardon à mes lecteurs bienveillants ou
hostiles — plus encore à ceux-ci, — d'être *forcé* de leur pré-

senter l'analyse, très abrégée pourtant, d'une œuvre de cette envergure. — Cette étude, ingrate, n'est pas destinée *à ceux qui savent*, ni même à ceux qui ne veulent JAMAIS *être éclairés*. Peut-être ne sera-t-elle pas inutile à tous les grands enfants qui n'ont encore, — et qui ne peuvent avoir une notion *précise* du Droit commun, — du Droit de tous, — c'est-à-dire des intérêts patriotiques, permanents et primitifs, qu'il importe avant tout de défendre. — Peut-être ouvrira-t-elle les yeux de quelques-uns de ceux qui, trop facilement, se laissent SÉDUIRE par de si pauvres arguments, par des calomnies visiblement *intéressées* et odieuses.

Il importe de mettre à nu tous ces procédés de polémique — salariée, — employés par les grands acteurs qui font de la politique une « spéculation commerciale », une *carrière... à plâtre,...* une MENDICITÉ générale et permanente.

Cette réponse d'un vénérable ∴ à MM. les Évêques est précieuse en ce qu'elle nous donne — imprimée — palpable — la mesure moyenne de la CAPACITÉ et de l'INTELLIGENCE des électeurs et des élus *du suffrage universel*. — Si chez quelques-uns de ceux-ci la forme est plus ornée, plus *athénienne*, soulevez l'écorce et vous trouverez mêmes mobiles, mêmes arguments, — mêmes légèretés, *même vide*.

Nous avons, tous, intérêt et profit A CONNAITRE le titre *vrai* de la monnaie que l'on nous offre. — La France, isolée et *enviée*, a le même intérêt à connaître LA VALEUR RÉELLE de ces Césars méconnus, de ces Lucullus incompris, dont les actes devaient (à les entendre) *rehausser* le vieux renom français, et qui, à si bas prix, parviennent à rendre les Français ridicules. Ils abolissent tout respect, toute discipline, afin d'être *mieux obéis*, mieux respectés. Ils proclament et impriment, devant l'étranger, des insanités « civiles — et militaires » — qui font sa joie, et dont certain Chancelier de plus en plus satisfait, de plus en plus aimable, se fait — journellement — *rendre compte*.

XVI. — Nous venons de peser le dialecticien, l'historien, le légiste. Il nous reste à étudier — et ce ne sera pas long — l'idéologue, l'homme d'État (le Ministre futur,... si d'autres plus habiles, mais imbus *du même* républicanisme, et de la même *science*, ne saisissent pas avant lui les fonctions élevées dont chacun se croit digne).

« Prenez garde! s'écrie-t-il, pages 74 et suivantes, prenez » garde! NE RÉSISTEZ PAS ! »

« Pour DIRIGER les foules.... et les flots... IL FAUT LES » SUIVRE !!! »

Voilà les résultats, *les progrès*, amenés par *l'invention* du suffrage DES FOULES ! — Foules toujours brutales et dangereuses, dès que l'on consent à descendre avec elles certains échelons.

N'est-il pas particulièrement *instructif* d'entendre répéter hautement, à trente ans de date, ces stupéfiants préceptes — L'ESSENCE MÊME de la République anti-familiale ; — préceptes inhumains et mensongèrement protecteurs ; — préceptes que *s'impose* nécessairement tout régime qui adopte pour règles le gouvernement *de la famille par la famille,* — et la souveraineté absolue des enfants, — enfants confiants, et gobeurs, qui croient *régner* en commun, et se proposent de *gouverner* A TOUTE HEURE ; — enfants *ignorants* qui multiplient *les maîtres,* afin DE N'AVOIR PLUS DE MAITRES, — et qui, par cela même, se hâtent vers la plus détestable anarchie, ou la plus insolente, la plus insupportable dictature, et, dans les deux cas, vers la plus certaine, la plus évidente INVASION.

XVII. — S'incliner, s'incliner toujours devant *le nombre,* devant LES DÉCRETS d'une majorité *partielle,* qui, elle aussi, SE CROIT maîtresse absolue, et qui VEUT ÊTRE sans contrepoids!

Signer et contresigner *les yeux fermés* (c'est là ce qu'elle demande et ce qu'aucune majorité n'obtiendra). — Il est des IMPOSSIBILITÉS infranchissables que *le mal* ne peut et ne pourra jamais *surmonter !*

Signer — sans examen, sans résistance — comme un machine, comme un automate, parce que l'on appartient *à son parti ;* — automate et machine à ce point que « nos ruraux », avec ce gros bon sens qui SE RÉVEILLE TOUJOURS *à la lumière des plus grosses erreurs,* s'étonnent déjà (je viens de les entendre) » de » cette facilité grande de gouverner la France », et s'indignent d'un *effacement* — « *impossible,* disent-ils, dans une fonction, » que le premier venu pourrait *alors* tout aussi bien *remplir...* » et que... si c'est là le devoir paternel... chaque citoyen, » sachant signer, DEVRAIT par conséquent remplir, à meilleur » compte et *à tour de rôle.* »

Céder, céder toujours aux violents, aux intéressés, aux avides, aux ignorants, aux hypocrites et aux niais... afin de se montrer plus raisonnables qu'eux... afin D'ÉVITER LES QUERELLES !

Remplacer par des novices, timorés et flexibles, les serviteurs capables et forts, afin d'en être *mieux servis !*

Suivre les foules... que le premier intrigant,... que le premier scélérat, le premier fou (furieux ou non)... que la main même *de tous nos ennemis* peut diriger !

Marcher — intelligemment — dans une direction que d'*autres* connaissent, — vers un but que d'autres ont *préparé,* — et que la foule elle-même NE CONNAIT PAS !

Plus *d'unité* dans le Gouvernement, une Chambre *unique !* Plus de Sénat ! Des *serviteurs-maîtres !* L'Assemblée *des fils,* afin de mieux, et toujours et partout, *abaisser les Pères.*

Plus de chef !... Un Président-Soliveau (un mari complaisant) — afin de donner *à la famille* plus de tranquillité, plus de relief, afin de laisser DÉJA RÉGNER... le *Paraître !*

Suivre les flots... ce qui est le moyen le plus sûr *d'être conduit,* sans boussole et sans gouvernail, aux écueils... aux abîmes !!

Oui, ce sont bien là les règles de *votre* République, les règles dont nous voyons, depuis 1793, la mise en œuvre progressive, parlementaire et gauche.

XVII. — Admirable science! Découvertes et progrès sublimes!! Ces découvertes, ces progrès, cette science, ces prédications renversantes et leur expérimentation plus renversante encore, intéressent AU PLUS HAUT DEGRÉ la nation. Ne pas les faire reluire dans tout leur lustre, — constitue une faute lourde, un manquement grave à son devoir, une véritable trahison.

Elles composent *tout l'héritage* d'anciens tribuns que notre nation ne saurait trop MAUDIRE. — Elles forment tout le bagage politique des nouveaux tribuns que nous voyons marcher avec tant d'assurance dans la voie *tracée,* — dans un chemin qui, pour ne citer que l'heure actuelle, nous a déjà conduits à deux *dictatures*, à deux *guerres civiles,* — et à la perte sèche de *neuf milliards* et de *deux provinces.*

Nos futurs parâtres, nos souverains *sans droit*, recueillent pieusement (jusqu'au jour de leur avènement), ces platitudes, ce Droit à la sottise, ces *courtisaneries* populaires, — en se réservant d'abattre encore une fois TOUTES LES LIBERTÉS, et de se proclamer — jusqu'à nouvel effondrement, — héros et sauveurs *providentiels*.

XVIII. — Si l'on se reporte au passé, à ces époques trois fois sanglantes où les mêmes prédications absurdes ont produit leur maximum d'effet, on se trouble, on s'effraye.

Mais si l'on se donne « le mal » d'examiner de près ces boniments percés à jour, et cette politique-Gribouille, on se surprend à espérer — de l'esprit français — un revirement complet. Il est toujours temps de revenir, d'un côté à la conciliation *parlée,* et à ses principes *sauveurs*, de l'autre, à cette stabilité, à ce repos, que nous réclamerions en vain pour nos enfants et pour nous, — et à ce respect effectif des droits *inhérents* au pouvoir héréditaire, seule autorité sincèrement paternelle et sérieusement *protectrice*.

« Votre République, nous a-t-on dit (et cela parce que nous

» l'avons comprise anti-religieuse, anti-européenne, et par con-
» séquent anti-sociale et anti-patriotique) votre République
» périra dans le sang ou l'imbécillité! »

Nous éviterons, j'en ai le ferme espoir, — le bon sens *public*
évitera — la première et la plus terrible chute.

On cesse de trembler quand on commence à rire!

XIX. — Comment, en effet, *ne pas sourire* de ces chefs
inconsidérés, de ces royautés infinitésimales, et des médiocrités, des *nullités électorales* de même ambition et de même
valeur, qui s'accusent du reste et *s'excusent* en se présentant
de moins en moins au scrutin, — lorsque l'on voit les compila-
teurs de vieux pamphlets tombés dans le ruisseau, — les indépendants, — parcourir tous les cabarets de leur « circonscription »
— promettre à tous les maires, à tous les adjoints, un déluge de
croix ou de bureaux de tabac, — et *réciter*, débiter leurs
flagorneries devant quelques centaines d'électeurs dont les
trois-quarts *se taisent*, inquiets, railleurs ou mécontents, — et
dont le *dernier quart* admire — bouche béante, — applaudit et
ACCLAME tant de talent... tant de science... tant d'insanités...
tant d'ANERIES ?

Il faut avoir le courage d'appeler *ces flatteurs* par leur nom, si
nous voulons éviter leurs alléchantes et décevantes *caresses!*

Comment NE PAS RIRE lorsque l'on constate que CE SONT LA
les esprits forts, et les forts gosiers, les orateurs en plein
vent, les avocats sans clients, les médecins sans malades,
les Solon, les Lycurgue, les dictateurs à semelles de carton,
les hommes néfastes — qui, aujourd'hui et A UNE VOIX DE
MAJORITÉ, établissent un régime définitif, une constitution
définitive, — et qui, demain — intelligences supérieures,
changeront ce régime, cette constitution, — et s'imagine-
ront pouvoir décider, *à une voix de majorité*, EN MAITRES
ABSOLUS, des destinées d'enfants qui ne sont pas les leurs, —
et de l'avenir d'une nation!!

XX. — Déjà *ces maîtres d'un jour* peuvent entendre retentir, tout près de leurs longues oreilles, ces cris si souvent répétés par eux :

« Invalidation ! Destitution ! Démission ! Comédiens et tar-
» tuffes ! Sarrazins et Vandales ! pantins et polichinelles ! »

Ils se sont avilis par l'argent, par cette curée des places, par leurs servilités et par *leur gloriole*. Ils recueilleront ce qu'ils ont semé : le mépris et l'abandon. — Rien ne les protège, et rien ne les protégera jusqu'au rétablissement du Droit d'autrui.

M. G.

Paris, Janvier 1880.

NOTE

CONTRE L'ATHÉISME ET LA LIBRE-PENSÉE

Nous croyons utile de reproduire ici l'article dont il est parlé page 40, article publié le 1er juin 1877, comme addition, ou rectification, à certains arguments timidement exposés, par le journal *la Défense*, en réponse aux partisans des doctrines *matérialistes* (et notamment à MM. Moleschott et autres *athées* dont les noms sont faciles à connaître).

MÉTHODE EXPÉRIMENTALE

I

L'expérimentation, comme toute science humaine, a des limites à son action. On peut défier sans crainte tous les expérimentateurs de l'univers d'expérimenter... ce qui est, *pour eux*, le néant invisible et insaisissable. Or, le principe vital, — cette AME, en effet, insaisissable et invisible — est, aux yeux des pseudo-positivistes et des pseudo-expérimentateurs *athées*, une *pure chimère*. Leur « science » l'affirme. Comment ont-ils pu expérimenter ce qui leur semble une illusion? Ils affirment donc... en aveugles!!

Cette affirmation « de la *sagesse* positiviste » n'est ainsi qu'UNE HYPOTHÈSE; et nous devons accorder plus de créance à cette parole irréfutable de la sagesse des nations : « Tout langage qui n'est appuyé *d'aucune rai-* » *son sérieuse*, n'a aucune autre valeur que celle d'une simple allé- » gation. »

MM. les positivistes affirment, *sans preuves !* Et une foule imbécile les écoute et les admire, comme si leurs hypothèses avaient déjà reçu quelque part la moindre confirmation.

Ce qui devra modérer beaucoup l'admiration *publique*, c'est — outre cette impossibilité flagrante d'expérimentation, — la *contradiction flagrante* que leurs allégations renferment.

Et il est facile à chacun de *découvrir* cette contradiction. Le PRINCIPE VITAL N'EST PAS UNE CHIMÈRE, comme ils le prétendent — puisqu'ils *avouent reconnaître* L'EXISTENCE de ce principe EN CHERCHANT A L'EXPLIQUER par des « mouvements », — par des « accidents » matériels.

II

Ces partisans de la libre-sottise, ces apôtres du droit « de penser de travers » ont *cru* trouver un appui dans certaine phrase de M. Wurtz, doyen de la Faculté de médecine de Paris; — phrase critiquée dans le numéro du 4 mai 1877, mais dans laquelle on trouve au contraire la justification *spirituelle* de la thèse *spiritualiste*. (Ces deux adjectifs ne seront jamais séparés.)

« Les maîtres *autorisés*, a dit M. Wurtz, exposent la structure des or-
» ganes... en se préoccupant, UNIQUEMENT, des *conditions* matérielles. »
M. Wurtz traçait ainsi, d'une main sûre, les *limites* du champ de l'expérimentation et de l'*anatomie*. Il a voulu faire comprendre à tous (et nous voyons qu'il n'y a pas réussi) — que celui-là CESSE d'être *un maître autorisé*, qui — « de la *structure* des organes et du jeu régulier ou « troublé des fonctions *physiques* » — prétend conclure... que l'invisible esprit.... que l'âme insaisissable est une chimère.

III

Les allégations de M. X..., professeur d'histoire naturelle au Collège de France, et de M. ***, professeur à la Faculté de médecine de Paris, — allégations résumées dans l'ouvrage de M. Moleschott, sont *en réalité* SANS AUTORITÉ et indéfendables.

Examinons leur thèse :

« Les découvertes, *dans les sciences naturelles*, de la méthode *expéri-
» mentale*, écrit M. X..., ont montré qu'une fonction de la vie — quand
» elle est *bien connue*, — rentre dans le domaine DES LOIS dont les chi-
» mistes et les physiciens *observent* chaque jour les effets. »

Les voilà donc constatées, *par eux-mêmes*, ces LOIS, devant lesquelles leur science positiviste est *forcée* de s'incliner! Ceci *posé*... QUI les a établies, ces lois? Qui les a instituées immuables? — Il serait fort désirable que M. le professeur d'histoire naturelle (qui n'a *observé* et découvert... que ce qui existait déjà), voulût bien faire à cette simple question une réponse.

J'admets sans peine, avec lui, « que les fonctions des organes *des sens*,
» la *production* de la chaleur *animale*, celle du *mouvement*, la *respiration*,
» la circulation du *sang*, ne sont que des *applications* spéciales de la
» physique et de la chimie », — puisque tout cela tourne dans le même cercle.

Mais M. le professeur tourne... dans un cercle vicieux, quand il constate des *lois physiques* ou *chimiques*, — sans vouloir reconnaître UN LÉGISLATEUR, — et des *applications* législatives (manifestes), — sans vouloir même apercevoir LA MAIN qui a APPLIQUÉ ; ou encore, lorsqu'il *espère* « que, *plus tard*, bien des fonctions mystérieuses de la vie des « êtres organisés se *rattacheront*, d'une façon *plus* ou *moins* directe, aux « sciences *physiques*. »

Si cette prophétie, si ce *désir* s'accomplit, quel grand avantage pour sa thèse — aura obtenu M. le Professeur ? — Les fonctions mystérieuses — *se rattacheront* toujours (puisqu'il l'a écrit) à des LOIS que ni lui, ni ses confrères n'auront *créées*, et auxquelles « la matière animale » et « *l'a*- » *gitation* du cerveau » doivent avant tout *le respect*.

IV

M. ***, professeur de la Faculté de médecine, *se croit* en droit d'être beaucoup plus tranchant :

— « IL N'Y A PAS, dit-il, de force vitale — unique — INDIVISIBLE ! » — Affirmation sans preuves.

— « Le *doute* n'est pas *permis* à ce sujet ! » — Autre allégation du même genre.

— « Il *faut accepter* l'autonomie des éléments *anatomiques !* » — Ici, Monsieur, je demande comment il se peut faire que, vous et vos con- frères en matérialisme, vous ayez *espéré* TROUVER LA VIE... dans des éléments anatomiques, c'est-à-dire MORTS ?

Vous raisonnez du saisissable et du tangible, — l'anatomie, — à ce qui est, pour vous-même et pour chacun, *tout l'opposé* ; je veux dire : le PRINCIPE VIVANT et intangible, qui certes (comme vous l'annoncez) « contient une tendance spécifique »... mais A LA VIE, et non à la destruc- tion ! — principe que « vos amputations » laissent ENTIER (sans au- cun amoindrissement *proportionnel*).

Et si ce principe *immatériel* a été (sans que vous puissiez le nier) ad- joint *au corps humain*, au moment de sa formation, il peut s'en séparer — de la même façon, — au moment de sa mort.

— « Ce principe, dites-vous, est une chimère ! *Il n'existe pas !!*... » Sans doute, Monsieur, par cette raison — décisive pour vous seul, — que vous ne l'avez *jamais rencontré* sous votre scalpel ? — Ce genre de preuve paraîtra à tous ceux qui réfléchissent de *très médiocre valeur*.

Je veux bien *accepter* votre « autonomie des éléments anatomiques ».

Cela fera-t-il qu'il puisse jamais exister une similitude — ou une comparaison *admissible* entre ces éléments et d'autres éléments, — QUE VOUS SAVEZ ÊTRE, en l'espèce, nullement *anatomiques*, et absents, et DISSEMBLABLES ? Confondrez-vous, quelque jour, *l'électricité* avec le *fer* qui lui sert de *conducteur* ?

Et ce n'est pas tout.

Vous affirmez la *divisibilité* de la force vitale — unique ou non. Or, il *existe,* dans la nature, *des corps simples* que vous nous enseignez être, et qui sont en effet INDIVISIBLES ! — Ces corps sont bien de votre domaine : celui de *la matière.* Veuillez donc, je vous en prie, commencé, par DIVISER tous les corps simples avant *d'oser* affirmer, et afin que vous *puissiez* affirmer « qu'il n'existe *nulle part* de force vitale immatérielle » — qui *ne puisse être* DIVISÉE »..

Vous vous êtes ainsi, et vous le voyez clairement, *embarrassé* dans vos propres affirmations, et empêtré dans ce que vous *avez cru* une vérité « moderne » — une découverte « splendide » !

V

Les décrets de M. Moleschott sont... *ejusdem farinæ,* de même force.

— « La *pensée,* il l'atteste dans son livre, EST UN MOUVEMENT de la « matière cérébrale ». — C'est toujours, n'est-il pas vrai ? la même allégation sans démonstration *expérimentale.* En effet, *où l'a-t-il vu,* ce mouvement ? Qui le lui a MONTRÉ dans son rapport « plus ou moins *direct* » avec la pensée ? — Il sera toujours impossible à lui, de le dire — et impossible à ses très bénoits disciples.

— « Ce mouvement, dit-il encore, *est la conséquence* d'une *perception* » des sens ? » — Décidément M. Moleschott et ses admirateurs veulent être crus *sur leur seule parole.* Ces expérimentateurs ne nous disent pas *qui* a CRÉÉ « le mouvement et les instruments humains » *nécessaires* à la *perception.*

Mais, à leur *sens,* l'homme n'est pas une *créature :* « L'homme, suivant » M. Moleschott, est la *résultante* de ses aïeux, de sa nourrice, etc., etc., » et de ses vêtements ! Sa volonté est *la conséquence* nécessaire de *toutes* » ces CAUSES ! »

Ainsi, le vêtement est *une des causes* de l'homme, mais Dieu n'en est pas une !!! — « On *voit* un vêtement, disent en effet les affiliés ; — » on n'a jamais vu Dieu ! » — Il faut *voir* et *toucher,* messieurs, dans votre Église. — Voyez-vous donc les cent mille milliards d'astres que les astronomes *vous démontrent* avoir été PLACÉS hors de la portée de votre vue *myope ?* Et, parce que vous ne les voyez pas, en existent-ils moins ?

La vapeur et l'électricité ÉTAIENT-ELLES DES CHIMÈRES, alors que vous ne connaissiez encore *ni l'une... ni l'autre ?*

M. Moleschott ajoute : « Elle est *liée* (la volonté de l'homme, — « cette *conséquence* de son vêtement), elle est liée *à une loi de la* « *nature,* que *nous reconnaissons....* » — Cela suffit. — Puisque vous reconnaissez *une loi,* je vous demanderai, sans cesse, par quelle occlusion de votre *organe* pensant... et malade..... cet organe [refuse-t-il de *reconnaître aussi l'organisateur* qui a dû décréter la loi, et qui LA MAINTIENT- sans révolutions, sans changements et sans *agrégations* nouvelles.

Vous êtes donc *contraints* de revenir toujours à une loi CRÉÉE.

Vous vous épuisez follement (sottement)... dans votre rage contre Dieu.

VI

— « Il n'y a pas de Dieu! » — Telle est votre dernière *allégation*, — la conclusion PRÉPARÉE par vos incroyables prémisses.

Une maison s'agrège-t-elle, seule, par *hasard*, sans maçons et sans architecte? Une loi s'établit-elle sans « le mouvement » dont vous parlez, et surtout sans ce « MOTEUR » nécessaire et qu'il vous plaît d'oublier? — Cette loi, de hasard, serait-elle *sage* et *éternelle*?

Le hasard est l'*absence* de toute fixité, de toute règle. Il est précisément *l'exclusion* DE TOUTE SAGESSE; — (et tout d'abord vous vous enlevez *le droit de prétendre* à aucune sagesse, dès que le hasard devient votre Providence!).

Niez donc, si cela vous convient, le Créateur, l'éternité, la sagesse infinie! Vous pouvez *baser* toutes ces négations sur L'IMMOBILITÉ de votre cerveau.

Mais si, sur des questions si simples (lorsqu'on y apporte *un peu de bonne foi*), si, dis-je, le cerveau... « de vos aïeux, de votre nourrice, et » de votre vêtement » *demeure immobile*, d'autres sont, croyez-le, PLUS ACTIFS; et *vous ne pouvez pas* vouloir que nous ayons moins de confiance dans notre « mouvement » que dans votre « inertie ».

Cette inertie vous condamne.

Enfin, si vous vous avisiez de présenter... même à des enfants... une page d'écriture, sans sottises et sans fautes d'orthographe, en leur *affirmant* du haut de votre chaire libre-penseuse : « que cette page N'A » PAS D'AUTEUR, » et que les lettres se sont rapprochées « *par hasard* », ces enfants... vos propres enfants... éclateraient de rire !

Nous faisons comme eux, et nous répétons avec eux : « TOUTES LES » PREUVES SONT FAITES!! Vous vous êtes — *vous-mêmes* — condamnés! »

Ce n'est pas en formulant *d'autres* absurdités, que vous parviendrez à *corriger* ce qui est ou ce qui *vous semble* absurde dans l'enseignement humain.

Jamais *aucune doctrine* n'a fait et ne fera à notre pays, à vos compatriotes abusés, LE MAL que leur causent vos *allégations* insensées d'une *irresponsabilité*, — d'une *indépendance*, — et d'un *césarisme* UNIVERSELS!

M. G

Paris. — Imprimerie Motteroz, 54 bis, rue du Four.